Super Word Searches

Sandra Dickerson

authorHOUSE®

AuthorHouse™ LLC
1663 Liberty Drive
Bloomington, IN 47403
www.authorhouse.com
Phone: 1-800-839-8640

Published by AuthorHouse 09/16/2014

ISBN: 978-1-4969-4055-1 (sc)
ISBN: 978-1-4969-4054-4 (e)

Library of Congress Control Number: 2014916590

Classic Cars

```
Y O Q D O G B F F S V C T A I F E Y S F U D
J U G P J Z E I N I H G R U B M A L P X D L
S C O X Q D E O D J E T T E V R O C V A C N
A U G R A X T A D U C A R R A B D I U N A S
C Y P F A F L K Y H O R N E T B R D E I M T
G O H E E U E G V E I K F Y H R I X L L E U
Y N U V R R G O Y N L Y J Q A M B H D M R D
U T A G P S R A V P I W E W U X E E O E O E
S L H T A Q P A J Y S V O L U H R V R R C B
J O L Q S R M O R V Q E U C T G I F A G O A
C T R M D U C I R I J M U C K N F N D F B K
M U U A B S M H Y T R O A D S T E R O V R E
A S P P T O R N A D O C U Y N E V B Z T A R
X P Q V R O L L S R O Y C E J H M F Q P D H
```

AUDI	BARRACUDA	BEETLE
BENTLEY	CAMERO	COBRA
CORVETTE	COUGAR	COWLEY
ELDORADO	FERRARI	FIAT
FIREBIRD	GREMLIN	HORNET
JAGUAR	LAMBURGHINI	LOTUS
MUSTANG	ROADSTER	ROLLS ROYCE
STUDEBAKER	SUPERSPORT	TORNADO

6 Letter Words

```
O S V J N L R P H J Q C R E D G J W M P F O
H L B O X I M Z I D K T T C A L L E R C M C
Z P A R C U J M Z Q O W B D V G D Y I D S R
T U B O Z I K W V E T B U H E I U R Y H Q Q
H D O U B L E Y N M P C V C B C E I T A Y B
U A Q F E L E V E N D D A L Q B A D T Z Q O
J T B J A B R O A D K V E N R Y X D M A J V
Q I A S V V K A H U N A H A C A M P E R R D
V N N X E N O U G H K X B J S E J Q M D E M
W G K K R N M R Z S D L E I F A R M E R P S
A I E I W M T Z S L A W M Q G J U K I L W M
S O R R E A R W A X B D K U F O K C I C Y G
F G A R D E N V F R E F F I D A F G N L Z Z
C D Z Z I X X X P L L L K O X H C E C M M L
```

ABROAD	ABSENT	BANKER
BARBER	BEAVER	CALLER
CAMPER	CANCER	DATING
DECADE	DIFFER	DOUBLE
EARWAX	EDIBLE	ELEVEN
ENOUGH	FARMER	FAVORS
FIELDS	GARDEN	GUITAR
HAZARD	HUMMER	KAHUNA

Starts With O

```
T W T E O W O T B N R Y Y R E P A P L I O V
K O Y I U J R S E T O X P L L A B D D O Z O
A P H T T P I R O C T F J O N S C R E E N S
E E Q O D P G U C Q A U E O A K E H B C E B
R R W V O O I B C C R O R I E N T A L E G O
B A S E O M N T U I E R Q S B F Z S R R N B
T T B R R I A U P T P T R P M O I E T O I S
U E X T S S L O I E O E V T V S Z S U H M T
O S H O F S Q R E T T J N E O I I L L S O A
K J O P S I P E D S O A R E N M J E D F C C
S W Z Q H V G L Y O D C T O I J R M A F N L
U D Z M P E A O H I R S Z T U Z D V R O O E
O R C H A R D S X O O O P Y S E W Z Q F G Z
O H F L F N M O P S R O R R T H B Z H T B C
```

OBSTACLE	OCCUPIED	ODDBALL
OFFSHORE	OILPAPER	OMISSIVE
ONCOMING	ONSCREEN	OPERATES
OPERATOR	OPTIMIST	ORCHARDS
ORIENTAL	ORIGINAL	OSTEOSIS
OSTETIC	OUTBREAK	OUTBURST
OUTDOORS	OVERCROP	OVERTOP
OXIDANT	OYSTERS	OZONIZE

Once A Month

```
B B F B - C F D S S T C G N I  N N I  D R T -
S H P V T V L P T R K S B S K N O L A S U L
E V T F L N S E F S H O N C H D P I N D S M
H D I  A P S O B A O P O I  S P C P O C L I  C
C N U G I N T I P N I S N G H I O P L V A K
A E C N N S O P S T I I T U B M G I U - A I
D K O M D I I A A I A N R F L K B T A G B P
A F M O M N P C B R V C G L O D L E R T S U
E M P V G A I M G U H E U L I A M - E O E E
H O U N D D E I A H D F L C M R B U L I  I  S
M O T S E A M R R C F G E E E P R I N C V B
D G E M N V R L D G A V E A T V K K G E O D
U T R B G E D A T I N G D T G A N S F O M O
F A S T S D M P E N E D O C T O R U S R K I
```

BILLS	BUDGET	CAMPING
CHURCH	CLEANING	COMPUTER
DATING	DINNING	DOCTOR
DREAM	E-MAIL	FAST
FULL MOON	HEADACHES	MEDICATIONS
MIGRAINS	MOVIES	PAID
READ	SALON	SHOPPING
SICK	SPA	TELEVISION

Rhymes With Hotel

```
W L L L E S R E D N U U A Y W D R L O P U G
C B L Y R P M X L W C U R E C R R L T M Y O
C C J E X L S E O E F E A A J C X E N F K X
B N G L U R Y R L B G W H W K N F W C P K X
B F U L B Q W L U L A W W E I Z D N O Z D K
M E H D R E B E L O X G W L Z P M U Q E F E
J L L I L G X I H C E M N L F O T B P L A L
L L W L R F O L J C L E U U T S W E L L W E
A Y V J J O K P E F L X Q E E O R L L C D B
P O B E K I N R H O E C L L U V S E Q M R E
E N V L D T E F L U N E L Q D W W E B F R Z
L I R L Y U L M D Z A L W A A K T E L L H E
R H C O W K L T J U A R P N N C K W A Q F J
L H Q V Y T W F L J Y L X I U T C F K M Q W
```

BELL	CELL	EXCEL
FELL	GAXELLE	INKWELL
JELL	JEZEBEL	KNELL
LAPEL	MOTEL	NOEL
ORWELL	OUTSELL	QUELL
REBEL	SMELL	SWELL
TELL	UNDERSELL	UNWELL
WELL	YELL	ZELL

Time To Read

```
N C Q F H O R R O R U Y G X W K A D M L Y H
F P W Y I I T L O U B G H U M O R M W J W Q
N S L A H Z S D L M T G G P R T E X J F W K
J Y O A Z P W T W C A Z B I O G R A P H Y N
E C R Q U J O J O U R N A L I S M A G U M E
P H L A L T F S W R W S C F O Q O C V F Z R
F O U A W U I I O H I Q C E M G Z L C E L D
K L E X S Z C R L L C C R I M E G A I P L L
M O R T T S T D I M I W A A E U M I K H C I
O G L O R K I B C P Z H U L T N S O N A P H
C Y Q X O Y O C X S S V P O F Q C I I G I C
K F B Z P F N F S B B T V G U I D E C R X U
A E H M S B L Q F P L Y N Q H O O R C L O C
Q G Y T E W H K R N A A H G B L E L Y Q L C
```

BIOGRAPHY	BLOGGING	CHILDREN
CLASSICS	CRIME	FICTION
FILM	HISTORICAL	HORROR
HUMOR	JOURNALISM	MEMOIR
MUSIC	PHILOSOPHY	PHILOSOPHY
POETRY	PSYCHOLOGY	ROMANCE
SCIENCE	SPIRITUAL	SPORTS
TRAVEL	TV GUIDE	WAR

Instruments

```
A J D W T C M G H O F J K W M K F S N A Y H
S U L V A R J B G M E V I O L A H M A P D Z
R U H A G N R A T U B A I F W N E E Z Q W E
P B Q S S I P G F P I C C O L O J E B W Y D
F W P I L R T P C Z D T B V L U S L V P R E
F X I C L A R I N E T Q A A H I T U Y F V N
W B F Y E W O P T R L Q S R N Y N E N P N O
V M I M B B M E Y H N L S Y T J K Q S B I H
T A Y B U H B S S H X U O C P I O I W E Y P
C N P A G Y O Q D A C C O R D I O N S H T O
N V B L L V N R T R L X N L N E A U S S N L
N M M L E U E L N P U H H A R M O N I C A Y
Y E A S U P W V T E P M U R T N O B O E S X
M Y M Z Q C T J C C T G T E G F S T T B D P
```

ACCORDION	BAGPIPES	BANJO
BASSOON	BELLS	BUGLE
CELLO	CLARINET	CYMBALLS
DRUM	FLUTE	GUITAR
HARMONICA	HARP	HORN
OBOE	PIANO	PICCOLO
TROMBONE	TRUMPET	TUBA
VIOLA	VIOLIN	XYLOPHONE

Ends In LE

```
U P C E T E B T C T U E L B A N W O N S D L
D E B N X E E L I N E V U J E U W O R O X J
V P L H K X L Q H Z I Z Z L E N Q A V L R W
V I N Z T Q S B I B L E B A G H E K R U N X
U C C K Z M I I A X E M E U L E F L Q S U H
O K S S D I W A B E A C X L U S P X G T G J
E L D O O N R E L G V J H Q K S T R G A P E
K E G L F I L D E L K O E E V C A A E J E L
C O W E P B I D V F B T L L C N U L V Q S C
B S G Y R O L E I Q N W I A C K B N W D O Y
H H T A B L E L L T C W U U M O L X K M H C
R X M N Q G E D E Y F Y K Q M G G E E N I B
N D K Z P K E L C N U V A M B I Y Q Y X X R
E J Z U X J W H D M W R I T E A B L E E E W
```

ABLE	BIBLE	CYCLE
DRIZZLE	EAGLE	FILE
GAMBLE	HECKLE	IMMOBLE
JUVENILE	KNUCKLE	LOVEABLE
MARBLE	NOODLE	OWNABLE
PICKLE	QUALE	ROLE
SOLE	TABLE	UNCLE
VILE	WRITEABLE	ZIZZLE

Writing

```
G P Y V M Z F L I T E R A C Y V S T O R Y Y
R O D K T C T B M S I L A N R U O J Z H N V
O B C V F P D Y X E K G N H C J R S N C E K
R W R C O Q I C P S Q O A A A F F T O E G B
T R I R A C J R N O I K L B S I R C I E A C
H I T E R D A J C T G L D L E A O H T P U O
O T I A A E J B I S I R U Q M R C C C S G P
G I Q T G S T S U G U A A M I T O M I J N Y
R N U I S S O I R L X N A P C Z G H F W A W
A G E V X P T A R D A R A X H U N P T R L R
P J S E M T P B G W G R B M R Y H R O U L I
H C N O Q H L A E S S A Y R L G D E Y U A T
Y J C D Y S L E X I A P R I N T I N G U J E
C T S N G N I H S I L B U P O B Y B G T A I
```

ASEMIC
COMPOSITION
CRITIQUES
FICTION
LANGUAGE
ORTHOGRAPHY
SPEECH
VOCABULARY

AUTHOR
COPYWRITE
DYSLEXIA
GRAMMAR
LITERACY
PRINTING
STORY
WRITER

CALLIGRAPHY
CREATIVE
ESSAY
JOURNALISM
MANUSCRIPT
PUBLISHING
TYPOGRAPHY
WRITING

Mathematics

```
G P S U L U C L A C J O K J J V Y B A Y W Y
R D G K G C O B K V N J Y M U W G R Z E N V
L E R W I I D M G O K O W H S J R S Q O P K
S C A N R Q E N I S P X A C Y S F U I H D B
K I P F T A I T S E M K I R E I A T Y I D F
E M H H S T I E R I T T T P Z T C S V V A R
I A S U N D M A N M S E A Q I A I I A R T A
N L R U D U T T U I M H N O R C S M B J O C
K E O A L I E L G O S U N T S I G E S W T T
C C R O O R T O N D M S B X O U G P X E A I
X J V N G I L O G B B U B N R L H R U N L O
E C S E P W E A E K S B E R A G D L Y U I N
R J R L D G D R I L F O R M U L A S G U J S
C S Y N M P S D N U K Q D G O V Y B G T A I
```

ADDITION   ALGEBRA   CALCULUS
COUNTING   DECIMAL   DIVISION
EQUATIONS   FORMULAS   FRACTIONS
GEONOMETRY   GRAPHS   INTERGERS
LOGISTICS   MEASURE   MULTIPLY
NUMBERS   OPERATIONS   PHYSICS
SHAPES   SUBTRACTION   TOTAL
TRIG   VALUE   VOLUMES

Double DD

```
C U P A D D L E O W U V R C T Y P D W I N I
Z D Z K V E O H P V L T N V V D I R D K K H
A K C I D D A Z K R O R Q F X D X B B A Q L
U Z U O N D A S M I E C R L T A T V O V Y B
L L Q T O E E J W K D D D E W W F O Z D B S
E D D Y D B T L U I E D D H L O E V D N G G
L E X X D M Q S D D D X O A I D O U D U V I
D L M F Y I A H F D D D C I L D D S S Z R F
D D H E K I D D A Z I E E I J B D U V P B I
I D U F I D D L E A P R R R T F S E M U L H
R A Q L C A D D Y M D C N Q K T T I N R J B
G R P R S H U D D E R D F U Z O M E C L F U
Z W G J V X G N A F G Y Y D D E T Y I G S G
G J E R E D D A L J O Z S P E J S Z N C L E
```

ADD   BLADDER   CADDY
DUDDY   EDDY   FIDDLE
GRIDDLE   HIDDEN   IMBEDDED
JUDDER   KIDDO   LADDER
MUDDLER   NODDY   ODDS
PADDLE   RADDLE   SHUDDER
TEDDY   UNRIDDLE   WADDY
WIDDER   ZADDICK   ZADDIK

Salad Dressing

```
C U C A E S A R O W U V N C T Z P D W I   N I
E E Z K V N O C P V L T B A V W E R D K K H
S A M I T J P N A I L A T I I T X B B A Q L
E Z U A C L A O M T L C B L L S T V O V I P
E V Q T S J A V M A A O D O W Y S O Z R B E
H I U F W E T T S E L L P Y R K E U D A G P
C N X X E V S M N I G I I Z R E H F R S V P
E E M F W C I H V E H R C N Y E C S E P R E
U G H E R C K E F C I C A I A R N J G B B R
L A U D I J O N D D I R E N T G E T N E L C
B R E D W I N E K L Y C O Q A T R I I R J O
O C P R L K T E R I Y A K I Z T F E G R F R
Z W G J V X N A S E M R A P V V E Y I Y S N
G Y T S E Z G Q U J O Z S L E M O N N C L E
```

BALASMIC	BLUE CHEESE	CAESAR
CATALINA	CHIPOLTE	DIJON
FRENCH	GARLIC	GINGER
GREEK	ITALIAN	LEMON
OLIVE OIL	ORIENTAL	PARMESAN
PEPPERCORN	POMEGRANATE	RASPBERRY
RED WINE	RUSSIAN	SESAME
TERIYAKI	VINEGAR	ZESTY

Know Your Presidents?

```
R A M A B O L C I B J E F F E R S O N V F J
Q A S H G H E I S E N H O W E R V B N N V N
E D N A L E V E L C P S F O O T K O O O N O
S A M Z P R C U N E Q R Q O V C S R T S I T
C M U A E Z O F S A E J S N S L Q M N I X G
G S Q V I D L D O G M E X J I C H J I D O N
F Y O J T H L F A R V U O W D T A E L A N I
C O P I B C I N Q E D H R L P C L D C M R H
H S F U U A D E L N N O E T K E N N E D Y S
V D S V C R G T K S P I D S H Z J H L X Y A
S H Q T Q T E R O G F Q O O N I U U C I O W
L T N Z O E N N Q R L N Q H D G V B T D P Y
B M X U L R W X A Y G R A N T E T K O P S M
A C B A Q P F G M K O F U N L O C N I L J N
```

ADAMS	BUSH	CARTER
CLEVELAND	CLINTON	COLLIDGE
EISENHOWER	FORD	GARFIELD
GRANT	HOOVER	JACKSON
JEFFERSON	JOHNSON	KENNEDY
LINCOLN	MADISON	NIXON
OBAMA	REGAN	ROOSEVELT
TRUMAN	WASHINGTON	WILSON

13

Colleges & Universities

```
L G O N Z B X Q M R V S C Z S F X W L S A U
N E B R A S K A Q T H W C O F W V J F R W G
W O T L I B R E D N A V F H L V S U O E A Y
A R K E R N B Q Z G R H N I U O E P R G S R
E G C L X F D Y S K V Q O O H G R X P T H D
N I O W A A V I J H A P T S D E C A M U I O
O A C H K H S S A K R Z E T X I K A D R N B
R R A D I R O L F N D J C A D D A E R O G C
L E O U E W O M E W A X N T U N N E M X T K
D A I L B P X Q A P H X I E C A S U P S O L
V P P V Y U A M G I Z R R F W S A T A Y N Z
P U U U A A R U T G V G P M I S S O U R I Q
M G E N Y X B N L O U I S I A N A J S M G H
L H J Z M I A M I C H I G A N L U C U L P F
```

AUBURN	BAYLOR	COLORADO
DEPAUL	FLORIDA	GEORGIA
HARVARD	INDIANA	IOWA
KANSAS	LOUISIANA	MIAMI
MICHIGAN	MISSOURI	NEBRASKA
OHIO STATE	OKLAHOMA	PRINCETON
RUTGERS	SAN DIEGO	TEXAS
VANDERBILT	WASHINGTON	XAVIER

Fruits

```
L K S E G N A R O Y R R E B L U M S L A S U
N P J S E N I R A T C E N T F S V N F F E G
W J Y R R E B W A R T S F I E V S O T W L Y
A D I S O G N A M G V Y V P S V E L N E P R
B A N A N A S Y S K R Q O E H L S E A D P D
N S E O T A M O T R U L I P D E C M L Y A O
O A E L P P A S E K A R E L X C R R P E E G
S E T A D B P B T T R A S L D N K E G N N R
L W D E G W P G N E C X R M U I I T G O I A
D A G K O S X A H H H X A S C U W A E H P P
V I P K A J C C E I Z R E F W Q I W A Y A E
F U U R K H G S T G V G P H K X Z K F O U S
M G S N O M E L S N K Y P E D E M J S M G H
L H J Z L I M E S V W K O S J L U C U L P F
```

APPLE	BANANAS	CANTALOPES
CHERRIES	DATES	EGGPLANT
FIG	GRAPES	HONEYDEW
KIWI	LEMONS	LIMES
MANGOS	MULBERRY	NECTARINES
ORANGES	PEACHES	PEARS
PINEAPPLES	QUINCE	RASPBERRY
STRAWBERRY	TOMATOES	WATERMELONS

Double EEs

```
N X V F F G N I L E E P A N J V M A A K Q M
M E H K R L T H H V R O V T W J C G C P Z H
E H E M N Y D T L E N U V E W F P R H M N Z
E E E S I E S P P W Q K E W O Q N S T D N U
T E R W N J E E B K C P K F X C O L P E R F
S I G F D U E D O E S H R E O P J S T S R N
G E A L E J L P S U E Z C T Z K L U S X W S
R K V K E R N Y Q E T P A W D E B Q P P P I
T C E R D O I T L I F S U F E L E L J P M N
L H E E R I E I X J D E E P F R B R M H J R
Y E R A L W N I U V C U Y E Q T K D F L L D
O E S E K G O A T E E I O W N E U Q B G H H
N R Q U E E N K R E B X Y I P P E E Q V A G
R K N L D M S C Z A O B Y Z R V R P X M T E
```

AGREE	BEEP	CHEER
DEEP	EERIE	FREEZE
GOATEE	HEELING	INDEED
JEEPER	KNEE	LEEK
MEETS	NEEDS	OUTSEEN
PEELING	QUEEN	REFREE
SLEEPY	THREE	UNSEEN
VEERS	WEEPS	YIPPEE

Flowers

```
N L B B K S E O K R C A R N A T I O N W T M
I W U W V E R H Z W G N W W Z T A M Z L A U
G W P T X I E D U A D E G A N N U A L I K Q
D Z L Y D N M C A X R M W A Q E O L V K B K
P S E X N O U S I F A O A U R J C S I R X U
W C U N N E R U L L H N A I L D E N I P Y R
G I R I S P U N H O C E M G S S E I I T C E
Y L U I P V S F A W R Q C K I S R N H U J H
J L M Y O W U L D E O L E A N D E R I R Q T
E A L V C J H O C R P J D Q B E F R N A Q A
A X K I C V K W D A F F O D I L K F F Y I E
E C V V L S T E L O I V I Q B J I W Y B H H
T O I R K D G R O S E S O N I Q J C B O A X
P Y Z P O I N T S E T T A Q A R K I V S C A
```

ANEMONE   ANNUAL   BUPLEURUM
CARNATION   DAFFODIL   DAHLIA
DAISES   EREMURUS   FRESSIA
GARDENIA   HEATHER   IRIS
LILLY   OLEANDER   ORCHARD
PEONIES   POINTSETTA   QUINCE
ROSES   SCILLA   SUNFLOWER
TULIP   VIOLETS   WAXFLOWER

E Before S

```
F B Y O L S E I T S E J A M P E O U I F U G
C O A L E S C E S E D E S C R I B E B Z R X
G Q M V E U M G V L B L T D R Y N E S S Z K
T E O L O P W A F O R E S I D E S S E F N O
O B B P D H N I E H F V N D E T E E R D W N
U O H G A E H M N T H W K I R M E S S E S P
N K R E S L O C R S C Q T I J M K S C T E F
D H L C E S E K Q E G O D D E S S E S W U Q
R Q E M E S E S F P D E N I S S E R T C A C
E S I N K P T D C H S N G F E Y B G V K R J
S H O N E S T I C E S X E L E S U N X V E Z
S L A K E S I D E S S I X S S S E I S M C O
M J F T Z A W C Y S E L P V S G S S L U T I
T K U U F T R J I F E S S E S A B O X Z M Z
```

ACTRESS

BESTRIDES

BHEESTIES

COALESCES

CONFESS

DESCRIBE

DIESES

DRYNESS

EMESES

EVANESCES

FESSES

FORESIDES

GODDESSES

HONESTICES

INGRESSES

KIRMESSES

LAKESIDES

LONESOME

MAJESTIES

NOBLES

OPALESCES

PESTHOLES

REDNESS

UNDRESS

Holiday Time

```
R O V K X Q R X J N Y A D S N A R E T E V W
E M I S R A E Y W E N F V Y T X T E O Q B P
T R W G Y G N I V I G S K N A H T S B A G R
S M A G L A B O R D A Y A D S R E H T A F E
A J S R O O D D H A L L O W E E N B H G L S
E C H K N O X Y G R O U N D H O G J M Z A I
V O I Z W W D V A L E N T I N E S Z X T G D
R L N U U A W F G M O R F D A J V E Q O D E
Q U G W A V N Z R M E M O R I A L D A Y A N
O M T O Z R C Z X I M O T H E R S D A Y Y T
Y B O S S D A Y A T D H A N U K K A H C X S
J U N A F B L U T A D A C H R I S T M A S L
X S U T L U M T O A L M Y W C N G G H M U B
M R K C F F I Q Y S T P A T R I C K S Y Y C
```

BOSS DAY	CHRISTMAS	COLUMBUS
EARTH DAY	EASTER	FATHERS DAY
FLAG DAY	GOOD FRIDAY	GROUNDHOG
HALLOWEEN	HANUKKAH	KWANZAA
LABOR DAY	MAY DAY	MEMORIAL DAY
MEMORIAL DAY	MOTHERS DAY	NEW YEARS
PRESIDENTS	ST PATRICKS	THANKSGIVING
VALENTINES	VETERANS DAY	WASHINGTON

Starts With Q

```
U L Y I E T B B I L G E T Q Z T R A U Q U U
N T E Q P J Q D Z G X T Y H W Q B C R V Q Z
Z Q L R S A X Q Q F B O R K U E U J Q Q U L
G T C I R A F T U G L U X I R G R U K Y A I
M Q R E U A K P L I I Q N Q K I I T R L L A
N H U A I Q U C E N Z C R T B T U E Y G I U
H I D I U O U Q A K E Z B C E F V Q I X F Q
C B O M C Q A O E U A W E A P I R E J J Y C
K L K U U K N X T F Q U S R U T E I U Q I O
M H F R Q F M W D A Z X Q Q N A M R K N X D
I W X Y I K W S F F C I U Q W V J Y J E T C
L M M X C U X T E T R A U Q U E R Y J D L P
M L D O F G Q Q U E E N P Q X V W W J W D D
C U O U A P D M U R G X B M J S I X T I D E
```

QUACK	QUAIL	QUAKE
QUALIFY	QUARREL	QUART
QUARTET	QUARTZ	QUEEN
QUERY	QUICK	QUIET
QUILT	QUINCE	QUIRK
QUIRKY	QUIT	QUIVER
QUIZ	QUIZZER	QUOIN
QUOTA	QUOTE	QWERTY

Rhymes With Cloud

```
L N L N U P B Q W N S R E L Z G R V S H M C
K L T M P N W L W M J Y X U K B K Q T Q A W
K T F P R Y B D G D A L O U D A M L T N A X
M I N M H E G O U G I H Q T T N P F P T B R
T E A Q I C S O W E D S M G H M Z F X O B C
P F P V F Z R R B E N J A O Y B Q D W V O N
Q O F D O P C O W E D D S L U T R E C E U V
I O V W U W L Q W S Y I O R L N D M F R D L
D K G O N O E O J D V T U W W O D W J C S G
T T W D D W L D U H I F N B E Y W F O R T F
O M Q Z K E A C Y D A X D J Q D M E E O F R
X B E C F D R Y N G G J S Q G V N X D U B Y
R F D Q C W S K F I N S H R O U D N U D O X
T N B C A M C C P H Y B Z X P G P K Q M V L
```

ABBOUD   ALLOWED   ALOUD

BOWED   COWED   CROWD

DISALLOWED   DOWD   ENDOWED

FOUND   INCLOUD   INSHROUD

LOUD   MAHMOUND   MASOUND

OVERCROUD   PLOUD   PROUD

ROOD   SHROUD   SOWED

UNBOWED   VOWED   WOWED

Farming

```
R U S J F A R M E R E L D D A S X K H O J W
L B T S T X C Z S H H R Q S Y S E E R T X B
Z U A S F S P L A S B E M P U E K A R L R U
L J B T I N A R C L U T U O N P C S L R I B
G E L T G R V A L W Z A A R F Z E C R W Y Q
P K E C R E R I F X N W B C W L C Y E O D F
V F G O S E M C A R P J K G D S S U K L M E
Y E C T C D Z N A B F Q X I C P L O C P E N
S W E R N E I B B O I Z R A R R Y G I H D I
U R O I C M I X S D L B L E S F A D P R Z B
S W W N A Y V G I E V E A N J D H R O P E M
U D E L N R N X N H S D I A J F Q A B U Q O
O F S R O T C A R T E Q K R O F H C T I P C
R O B E R Y J S U R Z P D R W E N U A N A A
```

ANIMALS	BARN	BRIDLES
COMBINE	CORRALS	CROPS
FARMER	FENCE	HARVESTERS
HAY	PICKER	PITCHFORK
PLOW	RAKE	ROPE
SADDLE	SCALES	SCARECROW
SPREADER	STABLE	TRACTOR
TREES	WATER	WINDMILL

Pairs Of Antonyms

```
A F S L B J B H Z U B T O A I Q K G T C S P
E R K I M M A B D T E V A E L E V I R R A E
A H S L X W D W D Y T L F U T F K Q V N F X
S L A J G D G K O W I M J A U Z W U U C E U
T I N O U T O L J A T T A L L S H O R T R B
W X E Y B Z O J F H R P L N U H K W H E I J
E C C G E G D S G C P E W W W I W W J P S D
S M R R B P S I T L M F Q Y Z O N O F F K U
T X A I L A N U U P D O W N Y I M S Y U Y R
N E Z E P Y Y S T P W D E R I F D E R I H X
D X Y F A Y N Y E S N O D U K C F H N B U M
C O L D H O T L I G H T D A R K E A Z B X X
T J G W M H R A I S E L O W E R K T T U I R
C F N E I J P A R W H O L O O C M R A W Q V
```

ARRIVE	LEAVE	BAD	GOOD	COLD	HOT
DAY	NIGHT	EAST	WEST	FULL	EMPTY
HIRED	FIRED	IN	OUT	JOY	GRIEF
LIGHT	DARK	MAN	WOMEN	ON	OFF
PASS	FAIL	RAISE	LOWER	SAFE	RISKY
SANE	CRAZY	TALL	SHORT	UP	DOWN
WARM	COOL	WET	DRY	YES	NO

National Parks

```
A N V R O S P B Z T G U A D A L U P E N K C
V O I R B A J I L P B N M L J V L W U V B A
O S C T D S Q G N D E A T H V A L L E Y M N
Y R K U O J H B L N R I C H M O N D E S K Y
A E S D O N A E Y C A Y O S E M I T E B G O
G T B D W O L N N M O C V Y V G J D B L R N
E A U O F I E D T A U N L L B S A Q O B R L
U P R B C Z S A W K N S G E O L Y M P I C A
R Y G W A G K Q C H T D S A G Y W D J Z T N
S O O D A N A C A D I A O R R E D W O O D D
Q U N B A D L A N D S T E A S E Q U O I A S
E B B I S C A Y N E D V V X H J E Z C S E Q
D N B B D E N A L I E N O T S W O L L E Y K
O Y J M A V D R D T J V N U F J C U R J W J
```

ACADIA	BADLANDS	BIG BEND
BISCAYNE	CANYONLANDS	CONGAREE
DEATH VALLEY	DENALI	EVERGLADES
GUADALUPE	HALES KALA	KATMAI
OLYMPIC	PATERSON	PINNACLE
REDWOOD	RICHMOND	SEQUOIA
SHENANDOAH	VICKSBURG	VOYAGEURS
YELLOWSTONE	YOSEMITE	ZION

Coffee Anyone?

```
Y H E B G S I R I S H B B I R K H Y D G P G
N A B U C I O M B C O J A O W L N Y J A V Q
N G Q J O L R J E T E H F R A P P E C U I K
A G P E H T A O A D C D C V N X T F T G E Q
E F R E D O S I O O I H L A J Q T T V D T T
V G B E N S H T M B I U W F F D V G D W N E
D A C O E C T E L N N S M L K F I R W K A Q
I A K R C E S A S G S M E Q M T E E W S M B
F H P A R S C T E M B C T A S I N E G M E M
Q S M T I K A A A K R O T Y U S N K N Q S W
E I S U I N A M R A E X A L H N A T X L E X
W I S R T L O A U A V T L E H J R L W J M P
R X O A S R D A M U A G Z M T T W X K B H D
I W X T A J N I H H A C I B A R A K M W W S
```

ARABICA	AROMA	BLACK
BREVA	CAFFE	CUBAN
DARK	DECAF	ESPRESSO
FRAPPE	FREDO	GREEK
ICED	INSTANT	IRISH
LATTE	LUNGE	MACCHIATO
MEDIUM	MELYA	RISTRETTO
SUISSE MOCHA	VIENNA	VIETNAMESE

Merry Christmas

```
D E C E M B E R X A Z S G N I K C O T S H S
J E L V E S J T I O C Z U F I K V W G Q E N
N D C N C I P M I C H O O A X D A O G C R O
V E D O C I U H P O E H O Z L S Z N X A A W
Q P C A R D S E D C S S X K M C Q S I N C G
B R X A C A G U D T T O W S I E A T U D W L
B E E K L X T C M O N F R O M E T T R Y O O
M S A E Q P H I I H U A E L B G S E N C K B
P E O Q D G E Q O R T K A Q I P T R P A R E
D N N L I N M R X N S W T I Y N A D V N S P
A T R E E K I A I T S X H L I G H T S E P Q
W S L Q O K R E N F Q A S W H X N R I S Y A
W S I J W G R W R A P P I N G T M A E D A F
P Q N M H A T J F R E D I C G N H G V F X R
```

BOWS	CANDY CANES	CARDS
CHESTNUTS	CIDER	COOKIES
DECEMBER	DECORATIONS	ELVES
FIREPLACE	HOT COCOA	LIGHTS
MUSIC	PRESENTS	REINDEER
SANTA CLAUS	SLEIGH	SNOW
SNOW GLOBE	STOCKINGS	TREE
WINTER	WRAPPING	WREATHS

Rhymes With East

```
F O A I N C R E A S E D V A N N E S T A Z W
E S O U T H E A S T Z O D G B U S B N R H L
A O U I Z Y L A H A R I P X G U Z A N T R H
S E E N Q Y E A S T F R B S B B W O S I Z G
T O X U T S A E W E I W I L N Z R A A S S L
E Q M K E D S A X E D B E A S T E P L T B W
A K V M M L E A S E D A D P H D N X V E D G
S D F H Q T D T W L S X U E I D H T J E R H
T R I E S T S V I E N H A M S E G I S P E J
B L Z H O X P A D A Z S E K M A C A K O C V
H G J D E P R I E S T G E O J Y E E K U Z A
L Y B R Q S I Q F L E E C E D R A R D D Q P
G W G L B Q P R W T C D Z W G S N Q C S Q D
Q J P K Z I P S L F X O V Q T F Y R J M J X
```

ARTISTE	BEAST	CEASED
CREASED	DEPRIEST	FEAST
FLEECED	GREASED	INCREASED
KEAST	LEASED	LEAST
MIDEAST	NORTHEAST	PIECED
PRIEST	RELEASED	SOUTHEAST
SUBLEASED	TEAST	TRIEST
VANNEST	WEAST	YEAST

Compound Words

```
J L T R O P S S A P O T X X D A L A A U B T
L Z A L V Q S H E W H U R D A G Z Q N Q D S
H O R L R E E U C F Q T E G R O F H V D I A
O Q M A I N L A N D I N T A K E N E E I T C
O I L B B F C R F I R E F L I E S W S F S
K M B E B J E A K T L Y N B O D D T H K I W
U U K S O U O L L E H O P I C K U P I D L E
P D S A T B A Z I K Y Q W K S G T J T R P N
R T Y B R W P L E N R W U E E H Y Q E I U A
O C S E S D M L X Y E Z O A R H S N F V R O
A M V S P E A R M I N T Z R K C P C I E Z M
R O O R I V E R B A N K K V D E T D S D B X
G R A N D S T A N D R O G W A R K N H A F C
C U W P O S L A C T O D A Y E O C Z F V I B
```

ALSO	BASEBALL	CROSSWALK
DISKDRIVE	EARTHQUAKE	FIREFLIES
FORGET	GRANDSTAND	HOOKUP
INTAKE	KEYWORD	LIFELINE
MAINLAND	NEWSCAST	OVERBOARD
PASSPORT	PICKUP	RIVERBANK
SPEARMINT	SUNFLOWER	TODAY
UPLIFT	UPROAR	WHITEFISH

New York

```
A Y T C E N T R A L P A R K C Y U T V A R C
H R I G L L A B E S A B G N U I H L F A M J
D C M U S E U M E F P N J B W V T B N E B B
V E E N K Z R Z B N S Y D H T H E A T E R G
Q N S R Y V F R R B J F O M O L T Y C C Y W
U W S V S B A K E R I E S F A T Q H V I M X
H V Q A C R Y L Q B D R A U A R E Q G O X R
K N U H R I B X B M L R P H B S K L C P L J
G D A U A D R M M A L Y N L I W H S S H N T
K I R X P G Y C W C N A D P W B A I F H T U
R T E A E X O U Y M Y O M D F R Y O E O L
M E M O R I A L C S H O P S F Q T X O N B V
W A L L S T R E E T Y C K X P A R A D E S A
W P N H Y A W D A O R B A G Y N H X Q W C X
```

ALBANY	ART	BAKERIES
BASEBALL	BRIDGE	BROADWAY
CENTRAL PARK	CIRCUS	FASHION
FERRY	FOOD	HOTELS
LANDMARKS	MACYS	MANHATTAN
MEMORIAL	MUSEUM	PARADES
SHOPS	SKYSCRAPERS	SUBWAY
THEATER	TIMES SQUARE	WALL STREET

Fish

```
A Y A S G C P Y H S T O A R E D F I S H R C
H R I G L L I G E U L B G N U I H L F A M J
D C P I K E H D F L P S J B W V T B X E B B
V E A N X S R L B E S L I A T W O L L E Y G
Q N L R I V O R R R H S I F E L D O O N Y R
U W I F R U D J E E X D J B A S S H V I M O
H V T A N Y Y I Q K D L U N G F I S H O X U
K A F D G Z D D E C L A L B A C O R E P L P
C D E U F A O L M A R E T A E E A G L A P E
K R K E H G P T W M B Y D P W B H E X R T R
R T E S F F X O I H M L O T U B I L A H O L
K L V I I M W W A L L E Y E F Q V C K N B V
K W S S H S I F E C I C K X O I L F I S H A
W H H H T O U B A K R W A G H S I F W A J X
```

ALBACORE	ALGAE EATER	BASS
BLUEGILL	CARP	CATFISH
DOGFISH	EEL	FLOUNDER
GROUPER	HALIBUT	ICEFISH
JAWFISH	KELPFISH	LUNGFISH
MACKEREL	NOODLEFISH	OILFISH
PIKE	REDFISH	SHAD
TILAPIA	WALLEYE	YELLOWTAIL

In The House

```
S B U T E L I O T D Q S Z S H O W E R J C F
J I E E V O Z R Y A I N E Q E C Y U X N W A
D T N D E H E T C G H N Z L G H G S Z A V X
O U E K S R Z B E D O S K K M X T G H N Y T
O V K L C I U M B H Q E L M G P A O D P K I
R A E H E M X T P L L A V E A T C E L I J F
S C R N F V L A L I K V A C L O C K C K U
L C A E E A I M D N W N C D W N A W H T G E
T U D T U S P S C Z R U D I U O I D S U P J
U M I O J L K B I W Z U M S U F R T C R O R
H K O M I R R O R O Q B F H L L N C U E J P
O I U E V L G R S I N G A E X S L B I S S X
P O M R R S B X S E F H N S E G P Z K M G S
U Q O Q Y A Z O V X P X T E P R A C Q Y L W
```

BED	BLINDS	CARPET
CLOCK	CLOTHES	DISHES
DOORS	FAN	FURNATURE
LAMP	MICROWAVE	MIRROR
OVEN	PHONE	PICTURES
RADIO	REMOTE	SHOWER
SINK	TELEVISION	TOILET
TUB	UTINCELS	VACCUM

Knitting

```
E I G Y G M M E M B R O I D E R Y N E V H H
W H N N O N H S N M P Z V N I O Q W U N W H
I K P E I Z I X T G P I F L C D I M N X S Q
A X K E S N K V F I B E R M Z C O Y R G M A
P U L D N R N V A E T P C I R C U L A R A F
G W L L O Q O I G E L C A B L E L T V H Y C
M E D E T Z T L P S W T H T M V L R E M B X
C O C P T H S A O S I Q I E T X U F L A T E
N B I O U K R C M C W A N N S E P U L U Y W
C W R I B K P E T B I A S O G I R F I B Z K
O C B N S W U O A R M H X X B N J N N R H V
E L A T D N Z P O D C A S T S M W H G E B N
U V F I N G E R R L W T A O Q V L S U J S O
I X I M D N N X U G Z Z M S D H W T I Y K G
```

BIAS   BUTTONS   CABLE
CIRCULAR   COLOR   EMBROIDERY
FABRIC   FELTING   FIBER
FINGER   FLAT   KNOTS
LACE   LOOP   NEEDLE
NEEDLEPOINT   PATTERN   PODCASTS
PULL   SPINNING   STITCHES
THREAD   UNRAVELLING   WEAVING

Think Drinks

```
A L C O H O L T K W R I Q Z N W X R O Y R O
H F X V J K F Z F J F D L E Q J G M T D K N
C L I W M A R G A R I T A S W V I Y O U B I
O O K O G L V U G W H F T P U V J A K F S C
M A C O F F E E S U D E T R O P M I P S Q C
I T L K E O F T D F R N E E L E W L B E C U
L S G U T R O U Q I L E E S L S E J W S I P
K C X W E A J U I C E R S S P N C A O M D P
H K E W A O I W M B Z G Q O N A T D Z V E A
I V V Y S D X L P S Y Y P A Z E A J K M R R
D I G K Z E I N S T A N T M R S O C A E R F
S M M Q P E C I L O H C L A N O N L W W E J
W U X A P J V B F L A V O R E D T K E Z J H
E R J A O C O C T O H H Z B E S E K A H S S
```

ALCOHOL	CIDER	COCKTAILS
COFFEE	ENERGY	ESPRESSO
FLAVORED	FLOATS	FRAPPUCCINO
HOT COCOA	IMPORTED	INSTANT
JUICE	LATTEES	LIQUOR
MALTS	MARGARITAS	MILK
MOCHA	NON ALCHOLIC	SHAKES
SODAS	TEAS	WATER

Ends With O

```
Z W A C K O O Z U O J G B C W N W L Y P Z C
O B M U J O C K O S O U A T R D M K W M V P
T T O O G U O P A A P M K A R P A T N S A L
L O J Z J Z G O N Z O Z N M W T C Q W Z C H
Z Y J W O O N M K H O N Y M E Z Z O H X U C
T F P E N O I P T C Z O J A F R H Q W Q R M
N O A O L V J R S D Z M I W O J O D W W C V
M Z B Y M U D K W J A Z Z B O O V R P H V E
N E T E Y I Z U N U L I U B C Y H P O A O F
W W Q E Z Y X A M J A G M E Y C U R Q H A F
G X Q N I A H O X X P V D O E L I U S W J V
P J G X K F G T R N D Y V B H Z E X P O L A
L E B V N L R J T P Z L O Y O R V R I K U R
T J Y O G B G Q X P T J O F O A K Z T Z B T
```

AZULEJO	BOZO	CHORIZO
DO	DOJO	EXPO
GAZEBO	GIZMO	GONZO
JAZZBO	JINGO	JOCKO
JUMBO	KAZOO	MEZZO
MOJO	OUZO	PALAZZO
PROXIMO	VAQUERO	WACKO
WHO	ZOO	ZYDECO

Ice Cream

```
T A Z Y B U B B L E G U M P E C A N V M M W
Y N V A N I L L A X L L L N I M D D G W C U
U E H A A V S V O E I G Y J Z T Q S V R H S
S A P C E N B Z M E P E N C N Z R Z O H V T
A P Y F G S I R H E T J E I F A C C D E O R
T O D U D X A G K A G A M F S A K M I N T A
M L D X U C O A N S D R L P F Y A O K C F W
A I R Z F N C A E H E N B O R O F W E H P B
N T J J G E N N M P G E O O C T C N O E E E
G A H G S A P X P T R C A M I O I S X R A R
O N E E B T A E T R H D T I L L H B Q R C R
F D E J E O P R Y G E W E O A A F C X Y H Y
I H Y R R E B E U L B Q R R O R E O V A G E
C Y I J O I H C A T S I P M W Z I G P B C B
```

ALMOND	BANANA	BLUEBERRY
BUBBLEGUM	CARMEL	CHEESECAKE
CHERRY	CHOCOLATE	COFFEE
EGG NOG	FUDGE	MANGO
MINT	NEAPOLITAN	OREO
PEACH	PECAN	PEPPERMINT
PISTACHIO	PRALINE	RASPBERRY
ROCKY ROAD	STRAWBERRY	VANILLA

Card Games

```
Z D T H G I E Y Z A R C O J X R U M M Y W V
V V R E M V R E K O P S X T W T Z H F V A E
N I G R E S Y H E G E V A E G D I R B R G D
W B W S T D T M S U G I S S C G J R U S V L
H I A P O J U R A X B F P E R W J S P P D P
E S T C I V N E A J R V Z D O P W A F O E H
G H I U C N O L M E O L E A N N L Q L V S A
A O L F L A O M E C H N U P W F I D I D A S
B L B M O L R C F K D M G S I I M F T C M E
B D X G O G E A H V I Y A B T A N A E P K T
I E L Y E L R V T L L L P L I H R S A E T E
R M D C L N J I W M E F B D S O U G S C B N
C D I I B L A C K J A C K S T P E D C Y L T
I A T S A N A C E R A T I L O S C O G Q T M
```

ACES UP   BACCARAT   BLACKJACK
BRIDGE   CANASTA   CRAZY EIGHT
CRIBBAGE   FLAPS   FREECELL
GIN   GO FISH   HEARTS
HOLDEM   MAJONG   OLD MAID
PHASE TEN   PINOCHLE   POKER
RUMMY   SLAM   SOLITARE
SPADES   TAROT   UNO

Banks

```
V C B S H W E L L S F A R G O E R Z G Q T L
A M O B A N C O S S A P M O C G S T H F T A
E P F C R A A S U H K E Y E S V N A B G M N
Y K A B C C Z U U D E A O B O O N I H I I O
K L A K A H Z N R R N S H C O M E R I C A I
Y B L L R D T T E I O S J E J T J E O T V T
C H A A K I A R G H L O R O R K N L Q J A A
L S T L N S C U I T A C A M E C A P V D S N
G R L G Z C H S O H T I I S J I M F O S G Y
F J T S A O K T N T I A T T V R D C U N O T
U O K G O V Y D S F P T C R I R L Z Y C W I
N T N F O E C B H I A E M X B E O T Z H R C
T I R U B R R A U F C D I M I M G R G Y Q M
M I Q R R W Q C I T I Z E N S C H W A B T N
```

ALLY	ASSOCIATED	B OF A
BANCO	CAPITAL ONE	CHASE
CITI	CITIZENS	CITY NATIONAL
COMERICA	COMPASS	DISCOVER
FIFTH THIRD	GOLDMAN	HSBC
HUNTINGTON	ING	KEY
MERRICK	REGIONS	SCHWAB
SUN TRUST	USAA	WELLS FARGO

Symptoms Of Colds

```
M A R B N K M M D E H C A R A E N N W H L I
T F U D Z R S U N I S F P R E Y E S L G Z A
X E C O N G E S T I O N O S E F A V C U D M
N D W X O E D T E L D U J Y Y V L K E O E B
H L U U B B O O T N E Z U B J U E E Z C H D
E O W W M S C H N A R Z C J F B X F I S Y B
A C M K I K L F E S E E E X Z H L O R Y D O
D K D T Q P A I N S W W D E F G V N W D R B
A O Q T O T H R O A T O S N N T O H Y G A S
C Q R M I S L E E P Z M L G E S N L N U T S
H K R G S R D V R B U F T L U T G W Y O I R
E W U B S V E I F F T S S L E O O T M Y O F
S E A T I N G D R D S T I F F N E S S S N E
S T L U J C A W R O N K J D S W M M L J Q F
```

ACHES	COLD	CONGESTION
COUGH	DEHYDRATION	EARACHE
EATING	EYES	FATIGUE
FEVER	HEADACHE	HOT
NOSE	PAINS	SINUS
SLEEP	SNEEZE	STIFFNESS
SWEAT	SWOLLEN	TENDERNESS
THROAT	TIRED	VOICE

Mountains

```
T X P T K S B Y M D C R K L G B O O U C I C
T L E J J H J B J Z E D E P J U O G G Z A H
P X V D S Y Y C G G H I M A L A Y A J E E I
P X E W K O R I Z A B A R A R A T Y U E B M
M A R C E F L T U S A K M A T N Q M N R D B
C C E G F B M L Z Y K A D A M A G M G E M A
K O S W U L A A U O N A Z L B V Z S F D X R
I N T L J G K T N N B S J U Q E L B R U S A
N C Z O I F A E A D C U Q W S S O Q A B M Z
L A I R P S L P N K E C N K H U G D U S O O
E G I C H A U E A Y X S H I U V A I V E K J
Y U L Z S R X T W L A E N Y C I N K M M E C
L A A V N D K I L M A N J A R O R O X Z Y Q
A I M A R G H E R I T T L X H M X A M Q W E
```

ACONCAGUA	ANDES	ANNAPURNA
ARARAT	CHIMBARAZO	CITLATEPETI
COTOPAXI	DHAULAGIRI	ELBRUS
EVEREST	FUJI	HIMALAYA
JUNGFRAU	KADAM	KENYA
KILMANJARO	LOGAN	MAKALU
MARGHERITT	MCKINLEY	ORIZABA
SHINN	SMOKEY	VESUVIO

Carnival Rides

```
U P J D V A F Q E A L L I G A T O R G E B O
D K C M L R Z E D N E Z G K H F H T Q N B X
D C A F A P G T V H E L I C O P T E R F Q H
B Y M M U E D R O P H O G P G U Y Z S K G C
S C A S I N O G A O W G P S P T S O B O O X
A L T F L K H G B V S C P C J E C Y C T Z Y
D O T P O I A O P O I S W A X A R S T Y O W
R N E P G G D Z U C R T R V F C A P P L E I
A E R O T O R E E S R B R A S U M F J L Z H
G P H U R R I C A N E H I O C P B E E S F M
O Y O C T O P U S N F M J T N S L J L Y S G
N D R C H F E Y C A R O U S E L E I S A I Z
S G N O T G J P T I B K W N X R R E Y Y J F
T M K A U B O K I C N W M X H Q E H F N S O
```

ALLIGATOR
CAROUSEL
CYCLONE
FERRIS WHEEL
GYRO
KAMIKAZE
ORBITER
SLIDE

APPLE
CARS
DRAGONS
FUN HOUSE
HELICOPTER
MATTERHORN
ROTOR
TEACUPS

BEES
CASINO
DROP
GRAVITRON
HURRICANE
OCTOPUS
SCRAMBLER
ZIPPER

Rhymes With Meat

```
L K U T W E E T N P G L C H O M A I Q F D S
H P A R A K E E T O T O Z V A E M H R W B E
H Z I S K E E T K K P A I O I U N D K H M Q
I U O C R C B D Q T B Q E O I J W H F H Y J
H G N O V E R E A T E R E H O P D M Y X L O
D U X S P S H E E T W T Q Z W L Z T N M J R
O E J N E A T E P T T D E X Z E Z H F N E T
Z X F F H A T A A M Y E X P A U L Y T S Z R
C C L E E S T H W T Z R T A M Z K O M X S W
W R H Z A E P F L E E T J Y X O M F H T P V
Z E L E T T T W H E A T D V E D C Z U W D K
W T R E A T P G P E T I T E L W V L I K N W
D E O F D T N T U P B E A T X I R O D A H Q
A G S V H I B I C A O G R H Y I B C R K G X
```

ATHLETE	BEAT	BEET
CHEAT	COMPETE	DEFEAT
EXCRETE	FEET	FLEET
HEAT	NEAT	OVEREAT
PARAKEET	PETITE	REHEAT
SEAT	SHEET	SKEET
TREAT	TWEET	UNSEAT
UPBEAT	WHEAT	WHOLEWHEAT

Starts With L

```
L K U D M R Z Q L Y N X C H O M A I Q F D S
L I M B E R A U F O V O Z V A E M H R W B E
L E A F C C K V K K C X I O I U N D K H M L
I L A C Z L A G O O N K J O I J W H F H Y I
M G C R L L Y L L I T T E R O P D M Y X L Z
B U X R N O A I U Z W S Q R F L Z T N M J A
O Z L I L A C B N C T L E M O N Z H F N E R
Z D B E I F E A G G K E X V A U D Y T S Z D
C G L G G S I M L U X U R Y A Z K Z M X S W
W J K Z H S P X U I R B J Y X E M F I T P V
Z L I S T E N U G I K U D V E D L A K E D K
W Z Z R C U P G V I P O K I L W V L I K N W
D B O F D A N T J C O I D Z X I R O D A H Q
A G S V H I B I C A O G R H Y I B C R K G X
```

LAB	LACED	LAGOON
LAKE	LEAF	LEARN
LEAVES	LEGS	LEMON
LIGHT	LILAC	LIMBER
LIMBO	LISTEN	LITTER
LIZARD	LOAF	LOCAL
LOCKER	LUCK	LUNG
LUXURY	LYING	LYNX

In Texas

```
R E X V D K R T S E A W O R L D I U O E I G
I H T E N N O B E U L B G L Q I V Q S W X H
C G Y H Z J D Y P M G C B U S H O A G J J D
S R U P S V O C R H G A V R I Z N U A T H Q
I T O L O N G H O R N S E S F T A S L P K I
T N O N F L U M N B E W A L A M O T F X G Q
G D Z C S H A H B S O P Y A P L A I X U D A
P I L E K Y T D Q L O W N W Y A L N I S Y C
A Z V L B Y T X F D T N I C H R S A S J W N
G Z I D D N A D S H A A S E F E H O D T C K
Q O K Z G E L R P E R M I A N H I G H Y Y O
V T N W F I U K D A M A R I L L O H W Y U V
G O Z G W H O U S T O N D N B I G B E N D T
N F E Y U N Z I K Q L Q S U W V N L V F E N
```

ALAMO	AMARILLO	AUSTIN
BIG BEND	BLUEBONNET	BOWIE
BUSH	DALLAS	EL PASO
GULF	HEAT	HOUSTON
JOHNSON	LONGHORNS	OIL
PERMIAN HIGH	PERRY	SANTA ANNA
SEA WORLD	SIX FLAGS	SPURS
STOCKYARD	WILDFLOWERS	ZOO

60's Actors

```
B A Y H S C V N C L W N A V N N C C K O B C
C D W H K A U Y O N X Y E T R X E G K B F K
M N U X K U M V O F E Q O E K T G W L R S R
N O T T A G V S P F K P P W U U K E M K F U
G F U Q A R C B E B L W R Q S Q M I U A G B
A T B W S R E D R N A V I A O M C J H Y N K
S C B R S C M T O O O T C M O H V M C S H M
Y O K O E I N E S U N T E N T C V T T D U Q
P N D U O N T I N A G S R P C A Q S I R D D
D N I V C N N R V Y C L O U J L P L M A S R
L E P J V R E A U R A N A N B L W P F B O O
X R Y A R Q Y W N C A W A S Y A Q E W O N F
F S J G A R D N E R G M G L N W Z T I R E E
T R A W E T S D Y L V G E N I N G R O B B E
```

BOONE	BORGNINE	BRENNAN
BRONSON	BURTON	CONNERS
COOPER	CURTIS	DOUGLAS
FONDA	FORD	GARDNER
HUDSON	LANCASTER	LEMMON
MARVIN	MCQUEEN	MITCHUM
NEWMAN	PRICE	ROBARDS
STEWART	WALLACH	WAYNE

Rhymes With Tall

```
L U M J X V I O S R L P E N D D N F C N A A
D H Z I X G S S I S E N T H R A L L I H S D
Q K M X Y L O L G H Q C A G A G A W F T Y V
M D P R L C L Z M A F U A K W U P Q A M A W
D Y E V I B H B I W L R A L L V P A J L G G
Y U R S T V W N D L U X T L L R A L L G L C
H O L D O G S Y A Y K B I H L K L X O L L W
V B M W L H A U W I A B F J M K L E I L A F
J E L F A L L L Y Q L W Z A I C Z W B S P P
F E X L B R A W L D L S L C S M A L L I E M
L D N R A X C J H T X G I T R A W L Q N N V
I W O E E M S K Y I F V A N L C I B K R K X
V L L A R H T N N Q B L Q W G O R Z A B F L
V Y W O Z S I O W Z L A G H D O A W U I G A
```

ALL	APPALL	BRAWL
CRAWL	DRAWL	ENTHRALL
FALL	GALL	HAUL
KALL	MALL	NEPAL
PALL	RECALL	SHAWL
SMALL	SQUALL	STALL
THRALL	TRAWL	WALL
XYLITOL	XYLOL	YAWL

Donuts This Morning?

```
S B B S E S P I C E H Y R R E B P S A R Q S
U A Y V L T C H E R R Y G J G L E M R A C I
G P G W K R O Z Y L L E J X E M Y W C G P E
A M E Z N A C E V F P P H B B O F E H K U T
R A K P I W O L F Y O H D E L L I F Y L M A
W R R X R B N S P Q W V R D U X Y P E N P L
B M Q E P E U V U H D W I S E D T P L A K O
G A Q A S R T D X Z E O A G B L K X P B I C
M L N W O R A N G E R C L B E L P P P U N O
T A W A E Y P A I V E O C F R C E L A G T H
W D P C N W W O K N D B E E R C B M A G N C
O E B L G A C C R N O E K L Y J N B O I F R
Y C L T E Q X A V F H A C I N N A M O N N D
G E W J V X Y E M H L A N O I T I D A R T Y
```

APPLE	BANANA	BLUEBERRY
CARMEL	CHERRY	CHOCOLATE
CINNAMON	COCONUT	ECLAIR
FILLED	JELLY	LEMON
MAPLE	MARMALADE	ORANGE
PLAIN	POWDERED	PUMPKIN
RASPBERRY	SPICE	SPRINKLE
STRAWBERRY	SUGAR	TRADITIONAL

It's Hot Out Here!

```
W S P V B I V W X Z J S E S S A L G N U S S
C S Q C R C R X L W U B A R B A R Q U E Y U
C U M B R E L L A S F A B E A C H E S F K N
S R G S M C Y V U U S T H L K N F C C L K S
L F U C B R B M U N S H O R T S D M V E D C
L I H D R E H U Z B G I W Y Z P G L Q M F R
A N B I P A X T H U S N S E L C I C P O P E
B G W Q T M O C A R H G U U F U N H O N W E
H Y V E J H S P J N Z S A N D A L S O A D N
C O A N K I D R W H A U G U S T S F L D R U
A N J U L Y Q A S U B I N Q D W N E B E R X
E I R J Y U R A D Z A T W A A I L O X V H V
B H C O W M N T J U A R P N F C K W A Q F E
L H Q V Y D W F N O L E M R E T A W K M Q W
```

AUGUST	BARBARQUE	BATHING SUIT
BEACH BALLS	BEACHES	HOT
ICE CREAM	JULY	JUNE
LEMONADE	POOL	POPCICLES
SAND	SANDALS	SHORTS
SUNBURN	SUNGLASSES	SUNSCREEN
SURFING	TAN	TEA
UMBRELLAS	WARM	WATERMELON

Indians Are Coming!

```
D J L B V K W A H K C A L B D M F V Z H I I
O A P P O N T I A C E T R O K N L B C T H A
F S N E N R S F O H E E M W R O N R Y P O
D I E S L C I S I K D L L I A O G M A E L P
U T L I I F M L C S T O J N H H A K Z L A A
O T T H B O L A H T F Z O O K E N L Y L A R
L I T C F A J I E S P A S R C N Z E H O K K
C N A O I E R K A Y Q N E E A O C K O W M E
D G E C U T K G V Q X K P G L L M C R B O R
E B S L C C N W S P N B H Q B D D A S E O P
R U B O A I S P O T T E D E L K C L E A T K
M L Z L H D W M O A K O V O W F B B A R V T
P L B S D Q I S A B Y Z T E C H U M S E H U
I M G S V C N M B L I A T D E T T O P S F N
```

BLACK ELK	BLACK HAWK	BLACK HAWK
BLACK KETTLE	BLUE JACKET	COCHISE
CRAZY HORSE	GERONIMO	JOSEPH
LOGAN	LONE HORN	LOZAN
PARKER	PONTIAC	RED CLOUD
RED SHIRT	SEATTLE	SHINGAS
SITTING BULL	SPOTTED ELK	SPOTTED TAIL
TECHUMSEH	WOVOKA	YELLOW BEAR

60's Actresses

```
E O L H I A N A P X V A Y N X X Q T U L I C
L T D D N C Y O K J W M O O R E H E A D C M
C R J L H E P B U R N J N M L F X R P N D K
D D C V E W N I J Z B V U F Z B O C C N T J
S M H D T D U N A W A Y T S R M F R O J H R
M R E P A T E S T A N W Y C K R A A L P M F
G R L R T Y M N T O H A R A K D H W L A E Z
C I T E E K N M A C L A I N E M Y F I N K W
A Z W E I N K O Y C R E Y U Y J F O N D A M
X S M D N G D N W O O D L W U L J R S R B F
R W W T U H H R U S S E L L A V Z D E E Z Z
V N Y Y U K K O A S Q E E X F R D U W W I M
I E J Y I O E E S G M M K X O X D V K S G K
L N E Y R T X O N P X J R Y D J S F C V Q T
```

ANDREWS	COLLINS	CRAWFORD
DAY	DEE	DUKE
DUNAWAY	EDEN	FONDA
GARDNER	HAYWARD	HEPBURN
KELLY	LEIGH	MACLAINE
MONROE	MOOREHEAD	OHARA
REED	RUSSELL	STANWYCK
TATE	WOOD	WYATT

Starts With A

```
B I K U P B D U R A D F Z T I R I E P G L A
L D E O A N I M A L S V A Y Y H W L A M U B
B N O D N A B A B F C N B S S E Z P I G C Y
G I A A H T C Q S R N S O I P I G P R R F S
Q N G A W J G Z O E J N L N A E R A S W A S
X Q D Q A H A H R D V O N A O D C B H O P B
U E A B O V E T B O B D I O V A U T I F R O
A Y K D Q Q Z G T A C C E P T S N L P W A K
C D P A O E G A X I T J P F H S A X T R L V
H T V I W B H L F R C V G C S Z I O T I D B
E R V E C A E B T K K J W X G S E I Q E A J
Y F I W R J N U B B V G L D Y B C M D C E H
Q Y B P D B X M K A G E L E S S A D N F J G
R T T S F A C T O R S J P W J W A E Q D W O
```

ABANDON	ABOLISH	ABOVE
ABSORB	ABYSS	ACCEPT
ACHE	ACNE	ACTORS
ADDED	ADOBE	ADULT
ADVERB	AGELESS	AIRSHIP
ALBUM	ALFREDO	ANIMALS
APPLE	ARTIC	ASPECT
ATTIC	AVOID	AWAKE

Burr It's Cold!!

```
E V H K R G L P W O V R Q R H P U U X C N Q
Z N O S F S L I P P E R S S O C K S P J A C
J Q F A L N C O Y P E H C K T I X T N Z O S
T Z E R E K X A V I A G W O T D H E H S C Z
Q W A A O T R A R E C N L J U E B V A H O P
E Q S L R F T E N F S N T Q B R E M R Q C P
B B H E O M O O Q I M N N S B L A N K E T R
O A O E I X U O H R V B I Y R J R X Z Y O Q
R T W O A G P F Z E J D X U A U A A Y G H J
Z H E I T T G R F J V F O P V H O C V M B Z
K V R U M S E U J S D C T O W E L X K N M N
W C O F F E E R N R S E L D N A C N K E N U
Q M D U R Y M D O S W E A T E R O T D X T U
N M H P R X O A W L B U H N E C J F Y O L F
```

BATH	BLANKET	BOOTS
CANDLES	CIDER	COFFEE
EARMUFFS	FIRE	GLOVES
HEATER	HOT COCOA	HOT TEA
HOT TUB	JACKET	PAJAMAS
PANTS	ROBE	SCARF
SHOWER	SLIPPERS	SNUGGIES
SOCKS	SWEATER	TOWEL

US Capitals

```
P H O E N I X K K J L T H A W Y I C K T Y G
K L A T L A N T A I U B D V F R B M H Y N B
M E K R H U H K Y J O N E X E Y G T O O S C
G R B S T M O N T G O M E R Y B K R M R U O
N P O X K F N D B I N D I A N A P O L I S L
T I S W E C O U U G A S B E U O C F A C A U
Q G T B O R L R X W S B O T O P E K A H L M
N W O S G I U Q D E H D I P L K F N L M E B
Z B N U U D L C O W V N S S Y U J A B O M U
E C A U B A U Z V E I Y E C M F E R A N O S
Y R C R Q K V D E E L Y X K P A R F N D K Z
F P K U W L H D R N L O C N I L R U Y K H W
A N E L E H C H E Y E N N E A O S K N T R B
K Y S D A S R Y I K S R D R O C N O C D O L
```

ALBANY	ATLANTA	AUSTIN
BISMARK	BOISE	BOSTON
CHEYENNE	COLUMBUS	CONCORD
DOVER	FRANKFORT	HARTFORD
HELENA	HONOLULU	INDIANAPOLIS
JUNEAU	LINCOLN	MONTGOMERY
NASHVILLE	OLYMPIA	PHOENIX
RICHMOND	SALEM	TOPEKA

In Your Closet

```
S S B I E Y E N O M S T N E M U R T S N I E
R E M O K G Y B R A N P I L L S P U L H U S
E V Y S R G E Z S H H E D S L J C J N A J H
T O S R O L A S E T U P F P A O E T A B B O
A L J R T H V M E J A R B L D U B A X B U E
E G V S E R U T E X X H B E S R U P N P K R
W H C G E G X M P S O U L B S Q L V I S N A
S O N T U X N B J C M B X E J E W E R L Y C
Q T X N I S A A G S J S S Z H E T W R Q K K
M C S D H E E T H S B S H M Q E V R P T J C
L F G O J B S B C D E E D I L E G T V X I J
U D E G O F G A H R E Z P L R M O V I E S M
O S S R C L R F D X D X A P O T F V P R K S
S A H J J F M J M Q R W C J A C K E T S N Q
```

ALBUMS

BELTS

BOXES

DRESSES

GAMES

GLOVES

HANGERS

HATS

INSTRUMENTS

JACKETS

JEANS

JEWERLY

MONEY

MOVIES

PILLS

PURSE

ROBE

SCARF

SHIRT

SHOE RACK

SHOES

SWEATERS

TIES

WALLET

Classic Movies

```
C A S A B L A N C A X R H D J P S M M G Z M
Q J D X M G R A N D H O T E L I A N T A W S
H U L F R A N K E N S T E I N L O V R B E Q
K Q X S Z W H I G H N O O N L T Q T E Q N X
O K S N P I I N Q I I R H A O C N A H B A D
R J E O M L Y G Q P Y L B R O J A X T I K U
X A A W G D A K O I J O I D Y Z M I A L N C
W Z R W V B R O M G U O S L Q E T D F N E K
Y L C H S U J N O T U T C A S G E R D K Z S
V C H I M N T G E S H A N E S M I I O M I O
L M E T S C S V E R T I G O L N U V G N T U
Q D R E Y H E R S R E B E C C A Q E M T I P
G I S T B E N H U R E V I R D E R R T E C T
L F A N T A S I A Y W Q O H C Y S P M D Z G
```

ALL ABOUT EVE	BEN HUR	CASABLANCA
CITIZEN KANE	DUCK SOUP	ET
FANTASIA	FRANKENSTEIN	GODFATHER
GRAND HOTEL	HIGH NOON	JAWS
KING KONG	NOTORIOUS	PSYCHO
QUIET MAN	REBECCA	RED RIVER
SEARCHERS	SHANE	SNOW WHITE
TAXI DRIVER	VERTIGO	WILD BUNCH

Here's The Train.....

```
L E R E T S E G A T I R E H G T C Z E Z Y F
W N P C V W G D F S P P H R D F F X R M E R
T I W J F I P S E F T Z P O R T E R S F X E
R M G O A J T G N L A R R E T U M M O C P I
A S Y W S H E O S O E K O E G O Y Z Y H R G
V K H U T J R V M C I E S P X O P Z Q U E H
E A A Q O V K P F O I T H X R T C E Q A S T
L E R O T C U D N O C N A W U I Q X D O S X
M R M O N O R A I L N O A T N T A R T J E L
M B R A I L B U S M Z T L H S A A P D B Q S
S D E R U O M R A A I F U H C C I L I U M Z
U C A R G O O W P R N X D K X E P O W E R R
K O P J M E P I F T K C V O M Z M E J J S O
L F S R E G N E S S A P B O L Q L J U A B T
```

AIRPORT	ARMOURED	BOXCAR
BREAKS	CARGO	COMMUTER
CONDUCTOR	DEPOT	EXPRESS
FAST	FREIGHT	HERITAGE
LOCOMOTIVE	MECHANICS	MINE
MONORAIL	PASSENGERS	PORTERS
POWER	RAILBUS	STATIONS
TRAM	TRAVEL	WHEELED

Rhymes With Tree

```
L P Y L E N O L Q Y L S J L G T C Z E Z Y P
W Y R T N U O C Y P M U R G D F F X R M C W
F T Z I P P Y U P B O Z I H P O K K G F C U
C L G O S J E Y N E E O Y Q C W I X F H E V
J O E W G H K H O Q I E Z E G T Y Z E I Y E
Q L H A D C R V V T O H F Y T O C R K U Y A
I E A Q I V E P C B I C M Y W T R N Q A W R
T E E R G E D H Y S Y Z G I U Y U X K O N L
A S G P B L Y R T Y N H U V N J M C T J E Y
C C G C G P T O R S Z T C F H U Q P D B Q S
M P O M X N R X U I I F U A M M I L I U M Z
E M S O E Y O W P O N X D M I B F R E E V R
K O P E E L G I F N K C Y H M Z R E J J S O
L F W Y D N N J G E V B I O L D R E A M Y T
```

ACHY	ACME	BEE
BEEFY	CHERRY	COUNTRY
DEGREE	DREAMY	EARLY
ENTRY	FLEA	FREE
GLEE	GRUMPY	HISTORY
ICKY	ITCHY	JUNKIE
KITTY	LONELY	MUMMY
NOISY	OOZY	ZIPPY

Oh So Big!

```
L R M J M A O T Z W V I O U E O H B V Z K U
Q Z S C G O P N J L L A F R E T A W V T U Z
B A G G A S T I N G R A Y A A C S K Z N C J
Y L N T O H N R Q D A I R P L A N E Y O D Q
K M I E C A S E U K W A T E R M E L O N W I
I O D M F R N N V C E H S S A Q A S I E H S
H U L L G K O E I B K L A L J E G P Z O J Q
F N I X Z P W C F K R F E L L X L B H D N C
E T U H N Z M K O F P I E P E U O T Q A I N
S A B L X U A D C D A M C D H E B S R G M U
B I S Z T K N R E C I R U K H A E S E U Y F
E N J S Z X W B A X E L I P C F N D A O T G
C S N L S F D V N M T R E G U E I T A T V L
C M B E H R L U A N P T D I N O S A U R S K
```

AIRPLANE	AXE	BEAR
BRICK	BUILDINGS	BULLS
CROCODILE	DINOSAURS	ELEPHANT
GIRAFFE	GLOBE	LION
MAP	MOUNTAINS	OCEAN
PUMPKIN	SHARK	SNOWMAN
STINGRAY	TRUCK	TURTLE
WATERFALL	WATERMELON	WHALE

Opposites Attract

```
V T B I G L I T T L E C L E A N D I R T Y T
M U L W D E T I T E P E D I W A Z N U K E F
Q O Q O E T S S R M A Y C Z V T O T N N U E
Z N M R X T I O P U N Y O D Y K R O I H E L
F I F K U H D P F R D R S I G O S O H A T T
U N A P L K J R I T P E Y A H J P E T P I H
L E R L M D S X Y Y H A K S E E F Y T P H G
L W N A O L F F O N O A G I N D J N A Y W I
E O E Y A O T M D B E N R C N I R B F S K R
M L A S O C S A S I O C L D M D V A C A C W
P D R K Q T B Z H L V O W O L H G I H D A A
T S H U T O P E N U S M W E Z D W V K N L X
Y J N S V H N C H E D L O C M R A W Q S B Q
N J Z W C H I X D R U O S T E E W S A L N F
```

BIG LITTLE	BLACK WHITE	CLEAN DIRTY
FAR NEAR	FAT THIN	FULL EMPTY
HAPPY SAD	HARD EASY	HIGH LOW
HOT COLD	IN OUT	LONG SHORT
NEW OLD	ON OFF	OPEN CLOSED
RIGHT LEFT	RUDE KIND	SHUT OPEN
SOFT HARD	SWEET SOUR	WARM COLD
WET DRY	WIDE PETITE	WORK PLAY

Motorcycles

```
A M X O R I S C R A M B L E R P U A N E Z K
A X M A H O J U H Y H O M N Y M E R U I B Q
V K M H C N X P Z O B R P W S C U E Z T U S
V W U A O I I Z G U P X A E Q S N S R P V F
F Z A M R N R K C N K P V J D E S I C O Y Z
V C F A R J D T W T I I E V L L C U U L Z L
M O Q Y Y A V A C S P R K R X D O R S I E L
I F E I S Y D O Z E A R U M S I O C T C Z Y
E F A D E R N Y S Y L W G O Y A T E O E T S
G R U L U X U R Y H O E A A T B E Z M J H F
Q O R O D G D U A L B F I K O L R D W B S R
Y A I T A C U D M O T O R C R O S S M G U J
H D J M C T X V X K N U I Q H Z T L Q C B W
Z R C K R G F J Y I V Q P G J D C Y Z H B Y
```

BMW	CHOPPERS	CRUISER
CUSTOM	DERNYS	DUAL
DUCATI	ELDIABLO	ELECTRIC
HARLEY	HONDA	KAWASWKI
LUXURY	MOPED	MOTORCROSS
MUSCLE	NINJA	OFF ROAD
POLICE	SCOOTERS	SCRAMBLER
SUZUKI	TOURING	YAMAHA

Things On A Car

```
S T H U H P L G H N D F Z H T M S K L W Q L
T R A N S M I S S I O N Y G E Q J Q W S R T
L J R G J I G H K A G K S K E Y B L T H P H
E B A P C M H X B N G J P L S G J Y E O O S
B N D C F B T P U D Y A L T E R N A T O R V
T B I W K W S V M E S U A H X E T F A D E M
A Y A G Y I D J P O A J T B O E H O R N H O
E R T N N P O A E X T S E W R S G W B Y E K
S E O S A E O M R L O O S V E A I R B A G U
K T R M I R R O R S C E R R S V K L Q D L C
Y T R B L S M M S H C N I T Y T X E R J L T
Y A R G R X J Z L E E T A L J I W U S P K B
C B T H S Q S G E Y M N R F N A Q T C N Z V
O H W E U R C D C M K U B K R X K J D P A G
```

AIRBAG	ALTERNATOR	BATTERY
BRAKES	BUMPER	DOOR
ENGINE	EXHAUSE	FAN
GAS TANK	HEATER	HOOD
HORN	JACK	LIGHTS
MIRRORS	MOTOR	PLATES
RADIATOR	SEATBELTS	TIRES
TRANSMISSION	WHEELS	WIPERS

Trees

```
Q D P C Q M H F C R W Z P V H T B X B O R L
N F S G H K L S D F G A W O L L I W E C T K
O Z F U D J F R A F I H X A Z R C G E R O U
D O O W D E R B N N O R R O R C R L C J G U
T G X E Q Y V O Q P E Y L Y A H U Z H I Z U
D H Z W R E F R Q P P I R T D E U A A T G X
F S O A K E J A I R V O K L E S L I W J X M
H A A K L Y Y N J E K L Q O C T Z C P A E A
P L C M E D U G V C A P P L E N R A N P D P
O M N M B J O E I O U N H V E U W C L O G L
V O R M L J W H G E D S Q N Y T M A V R Y E
W N D H J A O O B M A B I V E Q I R U A K L
X D R J D N P K I R L P F W J H F H K Y V P
G I N K O Y W Y P L U M M U L B E R R Y I R
```

ACACIA	ALMOND	APPLE
ASH	BAMBOO	BEECH
CEDAR	CHESTNUT	ELM
FIR	GINKO	HICKORY
JUNIPER	KAURI	MAPLE
MULBERRY	OAK	OLIVE
ORANGE	PALM	PINE
PLUM	REDWOOD	WILLOW

Planting Crops

```
B R Z T W R E W O L F N U S I B L Z W R P A
I J Z N A K Y B H Y G S F Y H C I M S D F T
P L U A K M W E E E Y F O I B Z N J Z X Q T
W P R Z G W Y E P A A S A P R O S J X F L T
A X P R V H I T V S N T S T U N A E P N C Z
T Y E Z K Q V S W E J X O U L M A I Z E S U
E R A X E V C O N O T T O C G I P T T T F C
R O J P V I S Y J T I I D I O A N K A G F C
M A W Y A S D B W A P J N C S R R O I L R H
E O D R T P G E X M E L O N M R N C A N L I
L B M I D U E A K O K Y Z G S G W X A G S N
O I T C S G Q N S T U R N I P S Q Q X N O I
N N X E A H R S A E Y I X S E P A R G K E Z
W Y X M T N A L P G G E O M W A U C E Y C C
```

BEAN	BEETS	CORN
COTTON	EGGPLANT	FLAX
GRAPES	MAIZE	MELON
OATS	PAPAYA	PEANUTS
PUMPKINS	RADISH	RICE
RYE	SOYBEANS	SUGAR CANE
SUNFLOWER	TOMATOES	TURNIPS
WATERMELON	WHEAT	ZUCCHINI

That's Hard!

```
Z I Q G B H L Y M S D O M F C Y Q A P C G B
T C B R J B H I D R E N U K N W K F Y S P M
S X Y Z F U W I T V J L S N P A M Q J K K N
K E T J V K A M Z H N G P Y D D T V S X K H
C L P Y D M C R N E A Q Q P C E P C S H N W
I F E I O T M B T A X M E T A L K I A B G E
R I O N X T A E L D E C M L J I L P L M M J
B A D P T G R H P O S Y T E E T H Z G B O M
U E B S O C B E C O C F L W R O C K S W N Y
E Q V G N L L L E R H K S L V F U M V R M P
F M A O U I E M D S O R S M A S K W P X Q K
N I C E T M S E F N O C D S E D M X D L E U
C Z T K S W S T E E L B T H Z P Y D N A C U
C U J A O F S Q F Y W G W T I T P X T Y X R
```

APPLES	AXE	BLOCKS
BRICKS	CANDY	CONCRETE
DIAMOND	DOOR	GLASS
GUM	HAMMER	HAT
HEAD	HELMET	ICE
MARBLES	METAL	NUTS
POLE	ROCKS	SCHOOL
STEEL	TEETH	TREES

Rhymes With Fate

```
J F T B K X C Q E V T F G S H M U V Q X E J
L L X A P W P R H T T R R R A K W Y N Z G A
E T H I S P L G H P A H A T C T W F G G R M
V K H T R E C A P A L R G N H R L C P E A B
Z J I X U O T G M I T A F I S G A I H I T E
F J G F L Y H R N W S E T K E L I T D G E E
T F A L P G D I A N X T F E A R A E E H A T
E T A L B O E L N I D E N K E P F T W T C A
E T I E D D T T U Z T B D R K G Y M E O Y L
E M R A D B M C A A A W A W O R A W A I T Y
I U X S W M Y F D G E Y T Y U E P I F K D D
F C W M I R M P G N T F E X S A F Q S V H V
E T A L S E U D E T A L E G R T Z Q Z J L U
K H O M E P L A T E N G V V L B N F M H D Y
```

ATE	AWAIT	BAIT
COLLATE	CRATE	DATE
EIGHT	ELATE	FRATE
FREIGHT	GATE	GREAT
HATE	HOMEPLATE	LATE
OBLATE	PLATE	RATE
SLATE	TRAIT	TRANSLATE
UPDATE	WAIT	WEIGHT

Ducks

```
H F G T K W H I S T L I N G D R J C B V K T
F O A O R C P D R D W O H G Y V O C S U M B
U P D A J U O O E U J I H L U C A O Z Y A B
G K W R H N M U D L B D G Q T N P U Q C K U
G C A D U B S P H D W W A E A W Y E H I G F
C I L N Q D F M E W A C K D O J Q S C D U F
U O L U T I D Q A T P B A G R N L E Y I R L
D B M T Z M F Y D R E D B C R A H E B G O E
O R L M A S K E D A B R I L K H L G R Y I H
O A A A O T Z I E H G Z N V I L R L H D H E
W N Q G C N A P N Z X Z A Y I N I D A J B A
D T W S L K V Q V G Z W W C A N G N H M M D
E W L I A T N I P N A D S C R C G N G B N K
U E S C S W B L T R C A N V A S B A C K Z M
```

BLACK	BRANT	BUFFLEHEAD
CACKLING	CANADA	CANVASBACK
COMMON	DABBLING	DIVING
GADWALL	GEESE	KING
MALLARD	MASKED	MUSCOVY
PINTAIL	REDHEAD	RUDDY
SWAN	TRUMPETER	TUNDRA
WHISTLING	WIGEON	WOOD

Ouch That Hurts!

```
T C J D G X O M A I M K V U H V P L E E R C
W R E C K Z B N B R E A K U P S G A R O U D
B W O R K I N G U O G B I R T H Z N Y T L A
T T G Q L X M G I N N Q L D B H R A M A K W
A O Q H Z I S I I P E E E V E L Q C T H G R
N C O Y V M S T G H V T S A J D J T S O Y S
F C D T Q T H B U R N S D H E C R O V I D E
J D A Y H G T L L X A A P Q O H G O N D O L
B T X N I A P M Y G C N P A Q T E R Y W B C
G B A F C N C R X H Y M E C S L S A Y N I S
V V Z N C E G H E M A B X S O M Z X R R A U
V Q G Q D W R S E N O T S V L U S X T T Q M
B Y F M B I B D O S X L E R K D B K H L G U
W Q E P N F F A L L I N G Y T R U T H W U A
```

BIRTH	BODY	BONES
BREAKUPS	BURNS	CANCER
DIVORCE	DYING	FALLING
FIGHTING	GYM	HEADACHES
HEART	LOVE	MIGRANES
MUSCLES	ROOT CANAL	SHOTS
SPASMS	STONES	TOOTHACHES
TRUTH	WORKING	WRECK

That's Scary........

```
T S N O I P R O C S K U B R S R W F M S U Z
D Y S N A K E S Y U D F Z A K C K M P V Q Z
E A K V L S L W O S A A O Q X A I R O N J Y
C R R M O V I E S Z R L M G U K U T E G P W
O G A Y B T E Q S B K L B C E X G E T D F L
R N H Q C W P T U U N I I K O F W A U A E J
A I S H Y G N H S R E N E S Z O V S L Y M O
T T E J H E E D Z G S G S N L P T Y B X Z K
I S F O M I Z Q O L S P N L H O S V E V N E
O O S E G A Y S W A R Z A I R H H L D Q O S
N T S H F S K C U R H H G I R K P P K L T O
S A T D L P F Q P Y Q G E W G O B L I N S G
B S U R G E R Y F V F S A E E G S T O H S B
O L Z Q L N S R E D I P S P F A X J Z W G J
```

ATTICS	BASEMENTS	BURGLARY
DARKNESS	DECORATIONS	FALLING
FOG	GHOSTS	GOBLINS
HALLOWEEN	HEIGHTS	JOKES
MOVIES	PEOPLE	SCORPIONS
SHARKS	SHOTS	SNAKES
SPIDERS	STINGRAYS	STORIES
SURGERY	WITCHES	ZOMBIES

Firecrackers

```
C Z L H P Y H M D Y R S R E L K R A P S Y L
K H R N D L C F R L F B O K S T R O B E Z D
T C A F N B I E A V O Q S D X Q M K R W T B
A O E I L L V F G N H S D F N N E I L A S L
I M P E O N Y V O X C I P E J H Q G P T A A
L E T R F E A W N U T Y P I S X L I U N L C
T T O Y E C O F S V N I W T N I J A S D B K
X Y H C U W S K N L H T E O T N U N M Q C C
L L S L H G O Q R S P K A T L H E T O G I A
Y D W O T H L L E Z C G E I D L M R T O T T
L K N U I Q V C F O T R Y V N S I N T W R M
U O J D O X A R R E D D E V I L N W O K A Q
B S Z E C P W D P S T A R S F V P H B K V F
P A X H S N N M E M E R A L D C I T Y B V R
```

ALIEN	ARTIC BLAST	BLACK CAT
BOTTOMS UP	COMET	DRAGONS
EMERALD CITY	FANCY	FIERY CLOUD
FLOWER POT	FOUNTAIN	GIANT
GLITTER	PEONY	RED DEVIL
ROCKETS	SHOT PEARL	SPACESHIP
SPARKLERS	SPINNER	STARS
STROBE	TAIL	WILLOW

Starts With B

```
N B P W C I S D N E L B S B I Q B A N G R L
B Q A N A N A B Y E F W T S U G D V T W W L
U D Q Q Q R E E B W V S X U K R Q F O X X D
N A D K S W F B R U E G X O T E G Z A H W E
S E N Y C R E E B B B Z O L D L B E V X R I
T R D B L I M D L Y E B S O B G E O R Z O A
S B F E A B R S U U L F A E D E E P T P V B
T F S A G T X B E X I C A P B Y S N K A W G
N B O S R A T V O A E R R R K A E V G M P H
W H Y T Y D D L X E V A L B Z B R E W N T Z
B A T E C S F N E O E S I F C B P B W W D C
D Q N R E T T U B V L R G G U H S O I J A J
V H M G N M S J C M T E V O S W X P A E B Y
G S I Z K T Z Q D H B D F K K G N R U B A A
```

BAD	BANANA	BANG
BARBIE	BAT	BATTLE
BEAR	BEAST	BED
BEER	BEES	BELIEVE
BENT	BEST	BIRTH
BLEND	BLUE	BOOK
BREAD	BRICK	BUNS
BURGER	BURN	BUTTER

Common Words

```
C R X W W N V T P D A Y B D K O T N I W P O
M N V I A S A G R W J L Q P B I Z W Z N K F
Q A A W C K X L A A J Q M J Z I V D W Q D Y
Z E F E V T K T W L E H Y M Y R G W L U L Z
Y D K F M S U S T A C H T K S E S I D T Z R
Q I G E O O T B O A Y O P U I U B T F F D N
T C A A H M R L E W C S K P R L B C V A I T
T C M R G K A L T Z A O Q D J B Q A L C J F
V D E L U R G A P V D Y M U A N G F Z E Y X
F B O Y A Y C E W T V H S E L F B D N R I Z
G Y G N L N T B O J T T I J B E C Z H L K Q
Y A J M T V G E V I G X X G M H O Z M S A O
W K A L Z Y H S K E W S Z A H B N L L S S F
Q J U X I P R Q Q V V V C Y I J U G J G P V
```

ALL	ALWAYS	BIG
BLUE	CAME	COME
DAY	DONT	EACH
EARLY	FACE	FACT
GAME	GIVE	HEAR
HIGH	IDEA	INTO
JOB	JUST	LAUGH
MEAN	MOST	OFF

That Itches....

```
U I R E R G A W G S S V L X H U M K M J K P
S O T I U Q S O M O Y N W U U Y Y B D V F P
T A B H T K B D S A D V O W H C Z P A A E S
J K K Q C B H W A P K E I I B R W K I D P D
V K J C H I G G E R S M O N T T C I C J S I
A B F L I E S U L N F Q I D O A O G I I O O
O D F G C S Y G F I A T C T O S T I B T R H
G B Z X K G M H N N C A C W E R I I C V I R
R G X E E U I H T Y S E R W Z S A O R Q A R
A A Z F N B B S E T P N R U B B V N P R S O
S D S Y P D I K X A S L A M I N A E T D I M
S R U H O E U G P I T A A L L E R G Y S S E
S A J A X B F Z G C R Q C P Y F D Q L K R H
U V C A S S E E B Y E A K E I C D D D V S D
```

ALLERGYS	ANIMALS	ANTS
BED BUGS	BEES	BURN
CAST	CHICKEN POX	CHIGGERS
DEODORANT	FLEAS	FLIES
GRASS	HEAT	HEMORRHOIDS
IRRITATIONS	LICE	MITES
MOSQUITOS	OAK	POISON IVY
PSORIASIS	RASH	SOAP

Name The Constellations?

```
L U S U I R A T T I G A S T W D W J A U I H
I N W N R C B X X I P T N K M P S A N T Y V
T T R E P P I D G I B S E L U C R E H A M F
T G W K X L H O S N S H K J R B V T I U A K
L A O H A Y Q C O U V U W A I V U Z X R O T
E G W F N Z E I R Z R E S L I O E A F U W O
D V S S R S R D S S E S R A U B Z L C S Z G
I O P B O O Y B U E C N U I G R M S A F V R
P A R F F H Y U N T N Y Y D D E H U P Y A I
P P U A M E Q T G O A B A J N A P A L D P V
E U R A D M Z V Y O C Z N H W I N T A O F X
R S P Y H O G W C B A Q U I L A A U T Q C T
D U W L Z V Q F O I P R O C S L K Y S R W G
D Z B G G Q Y K M N I N I M E G A O J P F K
```

APUS	AQUILA	BIG DIPPER
BOOTES	CANCER	COLUMBIA
CYGNUS	DORADO	ERIDANUS
FORNAX	GEMINI	HERCULES
HYDRUS	INDUS	LIBRA
LITTLE DIPPER	ORION	PEGASUS
PISCES	SAGITTARIUS	SCORPIO
TAURUS	VELA	VIRGO

Independence Day

```
F I Q X N O I T A R B E L E C L F W A Z J E
Z Y P B J N E S M R S U Y M E Y R R M V W V
O L X A J O Y U S L O A E U L G E E E H S E
N B H N N P S Q A R D M S U A I E B R I T N
V W S N K I A V T H A K E L L B D M I S R T
S H Q E C I I T T L R T F Q C B O E C T I S
K A A R R T H R R O I Z S Z J J M M A O P V
Z V L S S V I C W I A B L H N U E E F R E S
R N F E B B A E K Y O J E U R L N R C I S A
S E F H U V R N T A U T K R F Y Y S B C U L
W D D W H I T E C T M B I E T C J Y R A X U
Z W O U F R W G S E W I U C P Y N L E I J T
A Z S E C P R H O L I D A Y A M K Z C T S E
L Y P D J A U E M D A N C I N G A E B N C U
```

AMERICA	BANNERS	BIRTHDAY
BLUE	CELEBRATION	DANCING
EVENTS	FESTIVALS	FIREWORKS
FLAG	FREEDOM	HISTORIC
HOLIDAY	JULY	LIBERTY
MUSIC	OBSERVANCE	PATRIOTIC
RED	REMEMBER	SALUTE
STARS	STRIPES	WHITE

California

```
G I Q S Z C W T S A O C T S E W Y W A Z J Y
O O B E A C H E S P J U I K E Y P R E V W O
L C X E Y C Y S Q U I B H R L D P D A S S S
D E D W T E R R Y I Q E K A J N O N R T R E
E A B O A A L A R G B Y R H N A P A T U E M
N N Q K O L T L M E L J V S S L A L H D P I
G A A K B W K S A E F Z L Z U K S Y Q I P T
A V L H H Y Y O N V N X L H R A E E U O I E
T N F P B S G L F E H T C U F O N N A S L F
E K Q H U V I V L F D T O M I K Y S K N C F
W D X T M Q W Z D O A L A E N C J I E A X T
Z W O U X R W G S T H M O E G L N D S I J T
P O P U L A T I O N W B E G D O D G E R S K
L Y P D J S R E K A L P F E B D A E B N C U
```

BEACHES
DISNEYLAND
FERRY
GOLDEN STATE
OAKLAND
POPPY
SHARKS
WALK OF FAME

CLIPPERS
DODGERS
GOLD
HOLLYWOOD
OCEAN
POPULATION
STUDIOS
WEST COAST

DEATH VALLEY
EARTHQUAKES
GOLDEN GATE
LAKERS
PIER
SACRAMENTO
SURFING
YOSEMITE

Happy New Year!!

```
F F V F H V R M M U B E C N A V R E S B O U
R E Q E Y C C O U N T D O W N O O M W E N A
I S N P F R G E J S T I M E S S Q U A R E J
V T W I N T E R L G I H O L I D A Y C F T C
E I B F L V J S W E N C G P M X F I H I N V
H V D A D W T R O I B U A I J A N U A R Y U
B I E Q M S B A L L D R O P N R A I M E X L
N T F D A N C I N G U A A S A D T L P W Q V
I I D O S R B U B J S T S T W R I N A O M N
B E T L O D S C B E T I I Y I L T M G R O G
A S O K V D O Z H C K I O O Z O F I N K Z N
F B W U P P X S D X Z J D K N T N U E S A R
Z G F B E G I N N I N G I Z A S O X R S K U
N V H N E W Y O R K E G Z L L A B T O O F P
```

BALL DROP   BEGINNING   CELEBRATION
CHAMPAGNE   COUNTDOWN   DANCING
FESTIVITIES   FIREWORKS   FOOD
FOOTBALL   HOLIDAY   JANUARY
KISS   MIDNIGHT   MUSIC
NEW MOON   NEW YORK   OBSERVANCE
PARTIES   RESOLUTIONS   TIMES SQUARE
TOAST   WINTER   WISHES

Classic Cars

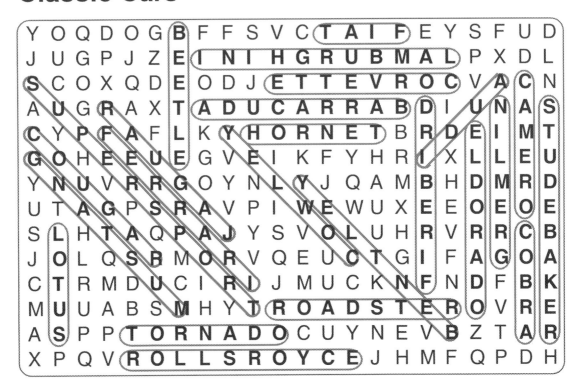

6 Letter Words

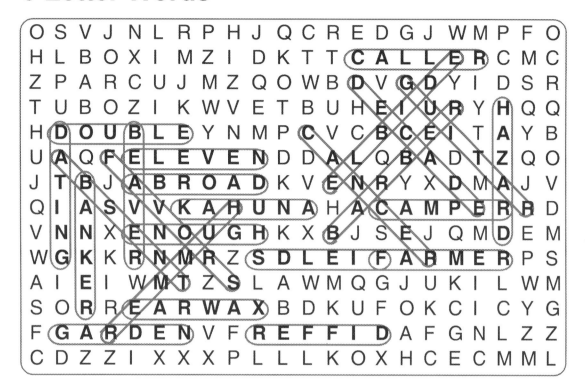

```
O S V J N L R P H J Q C R E D G J W M P F O
H L B O X I M Z I D K T T C A L L E R C M C
Z P A R C U J M Z Q O W B D V G D Y I D S R
T U B O Z I K W V E T B U H E I U R Y H Q Q
H D O U B L E Y N M P C V C B C E I T A Y B
U A Q F E L E V E N D D A L Q B A D T Z Q O
J T B J A B R O A D K V E N R Y X D M A J V
Q I A S V V K A H U N A H A C A M P E R R D
V N N X E N O U G H K X B J S E J Q M D E M
W G K K R N M R Z S D L E I F A R M E R P S
A I E L W M T Z S L A W M Q G J U K I L W M
S O R R E A R W A X B D K U F O K C I C Y G
F G A R D E N V F R E F F I D A F G N L Z Z
C D Z Z I X X X P L L L K O X H C E C M M L
```

Starts With O

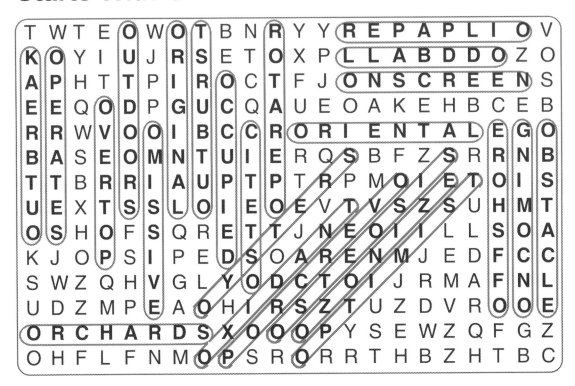

Once A Month

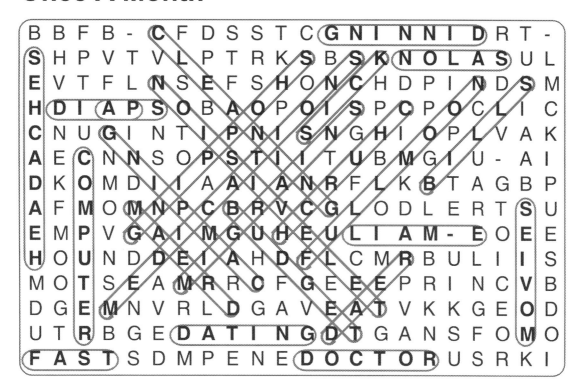

Rhymes With Hotel

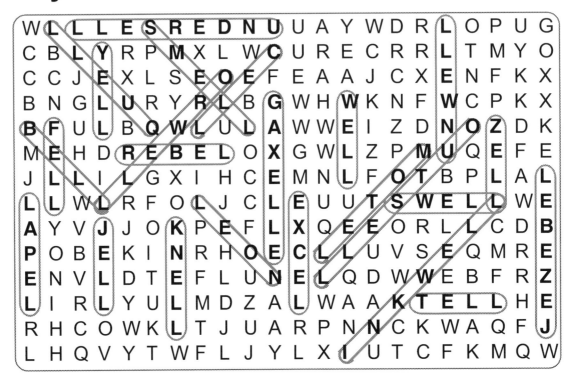

Time To Read

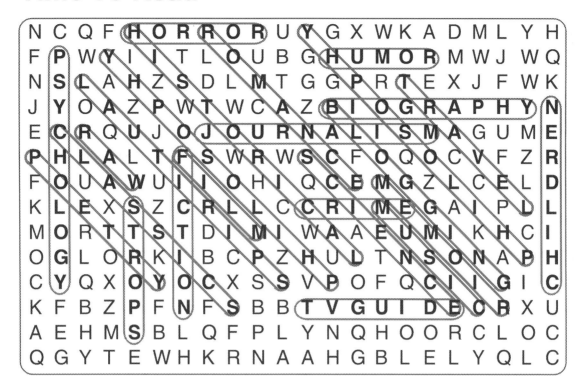

Instruments

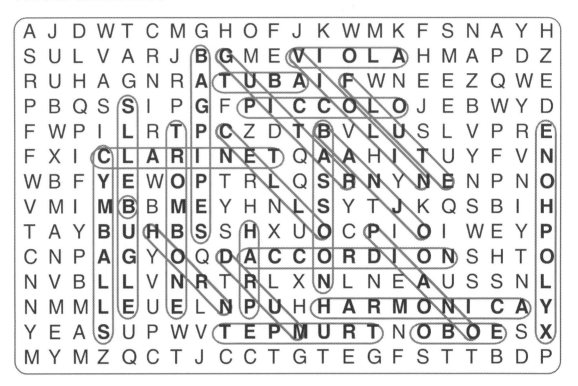

Ends In LE

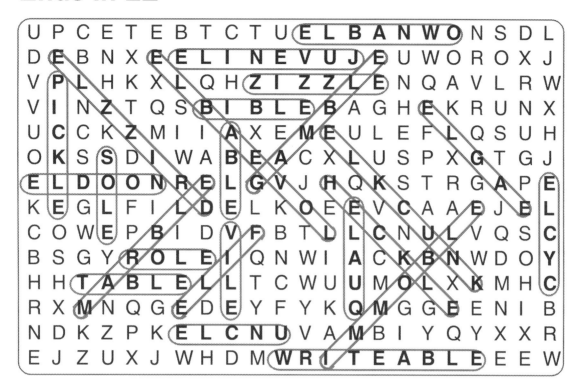

Writing

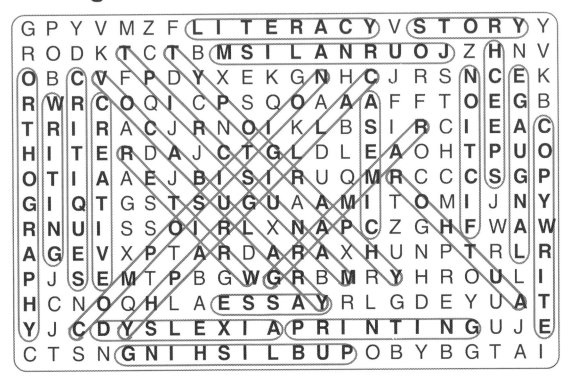

Mathematics

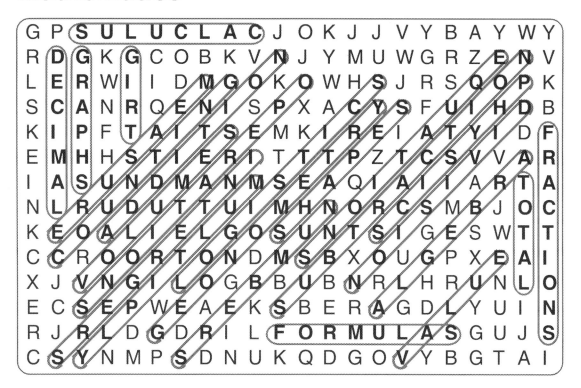

Double DD

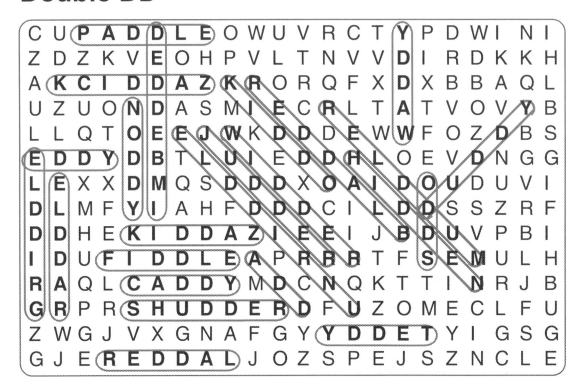

Salad Dressing

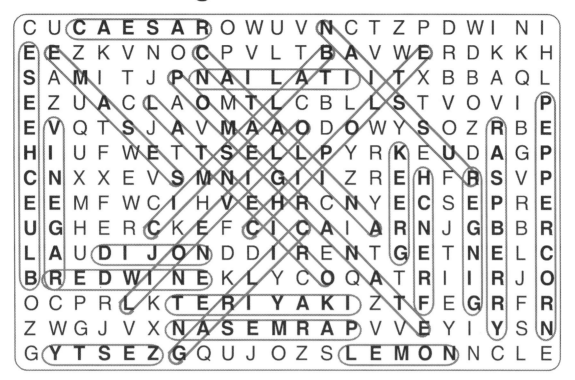

Know Your Presidents?

Colleges & Universities

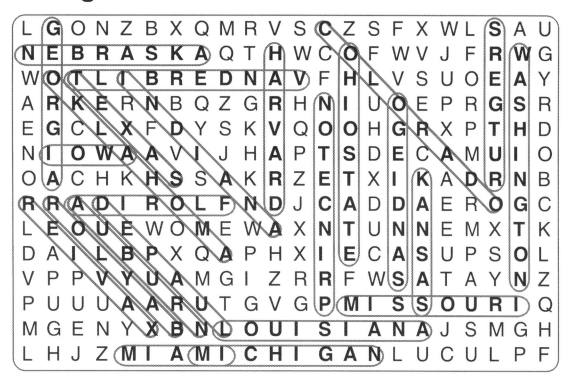

Fruits

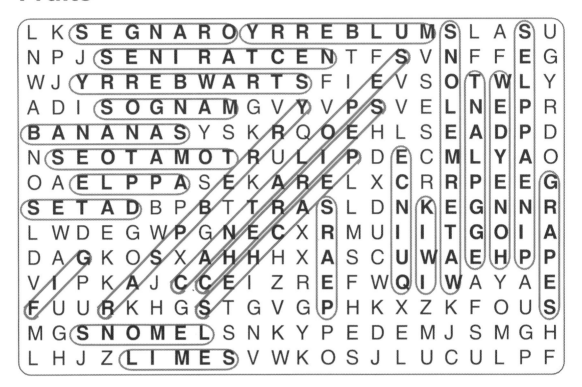

Double EEs

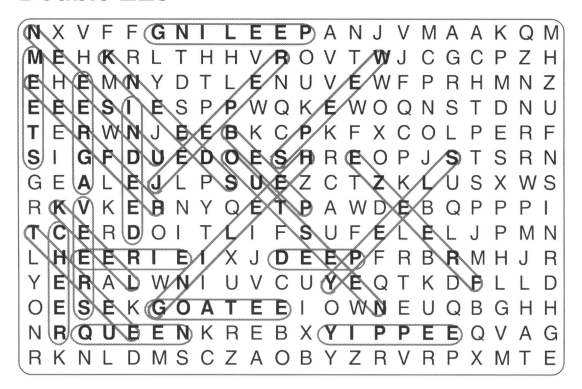

Flowers

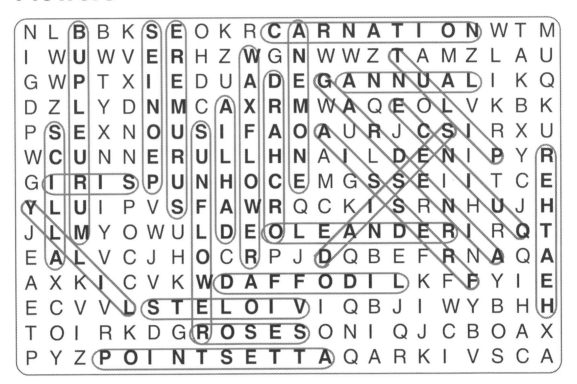

E Before S

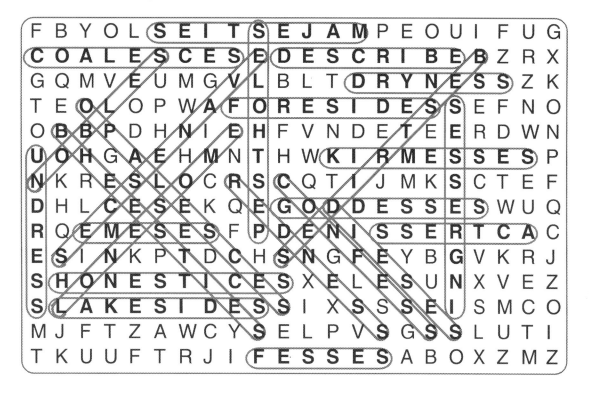

Holiday Time

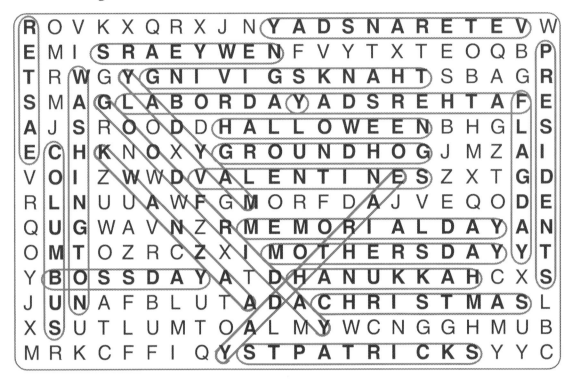

Starts With Q

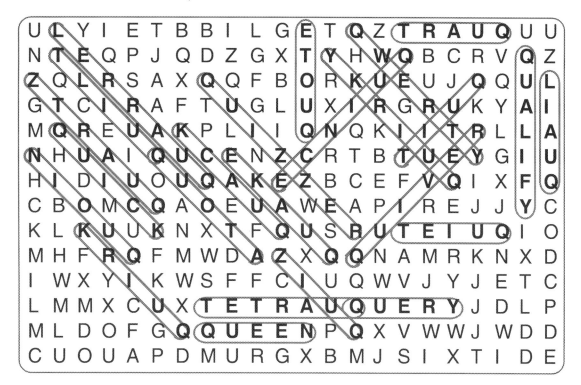

Rhymes With Cloud

Farming

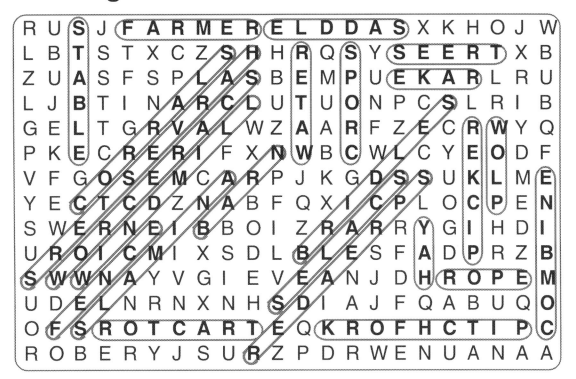

Pairs Of Antonyms

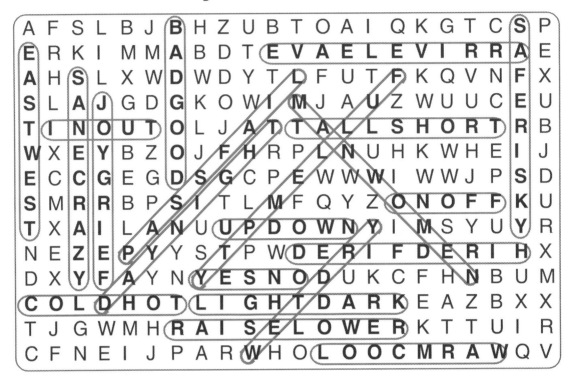

National Parks

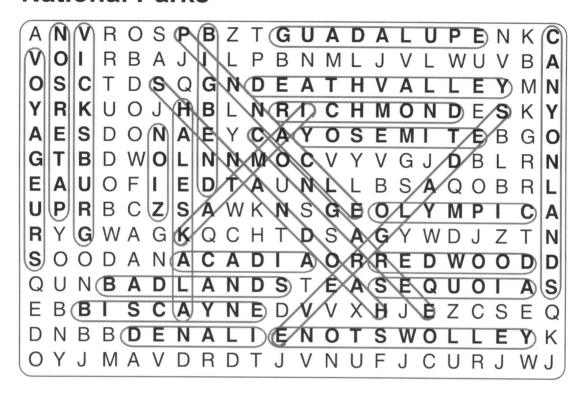

Coffee Anyone?

Merry Christmas

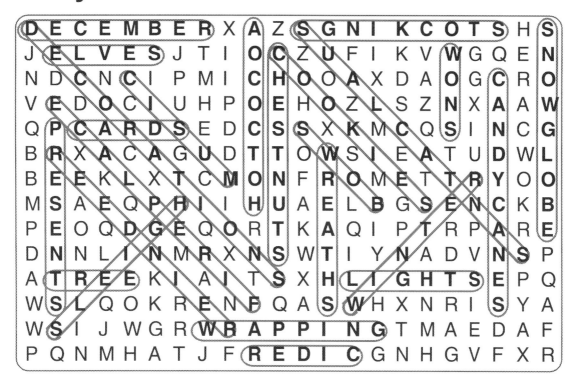

Rhymes With East

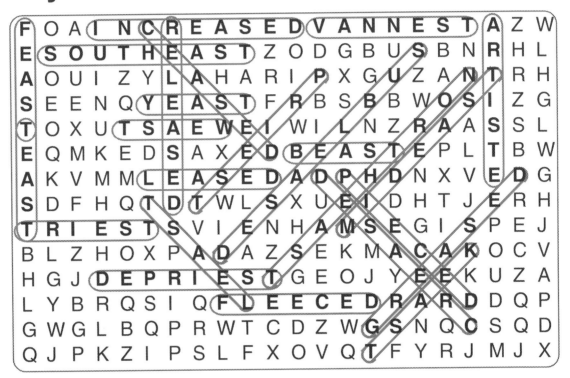

Compound Words

```
J L T R O P S S A P O T X X D A L A A U B T
L Z A L V Q S H E W H U R D A G Z Q N Q D S
H O R L R E E U C F Q T E G R O F H V D I A
O Q M A I N L A N D I N T A K E N E E I T C
O I L B B F C F R F I R E F L I E S W S F S
K M B E B J E A K T L Y N B O D D T H K I W
U U K S O U O L L E H O P I C K U P I D L E
P D S A T B A Z I K Y Q W K S G T J T R P N
R T Y B R W P L E N R W U E E H Y Q E I U A
O C S E S D M L X Y E Z O A R H S N F V R O
A M V S P E A R M I N T Z R K C P C I E Z M
R O O R I V E R B A N K K V D E T D S D B X
G R A N D S T A N D R O G W A R K N H A F C
C U W P O S L A C T O D A Y E O C Z F V I B
```

ALSO	BASEBALL	CROSSWALK
DISKDRIVE	EARTHQUAKE	FIREFLIES
FORGET	GRANDSTAND	HOOKUP
INTAKE	KEYWORD	LIFELINE
MAINLAND	NEWSCAST	OVERBOARD
PASSPORT	PICKUP	RIVERBANK
SPEARMINT	SUNFLOWER	TODAY
UPLIFT	UPROAR	WHITEFISH

New York

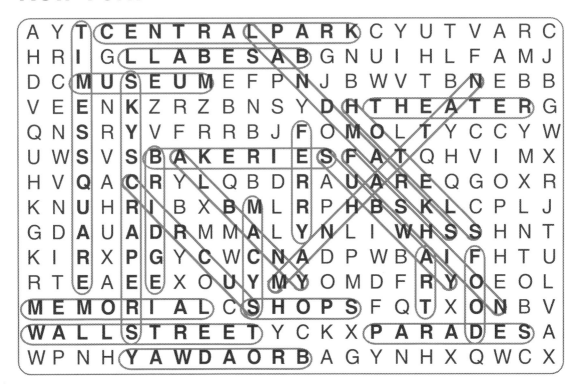

Fish

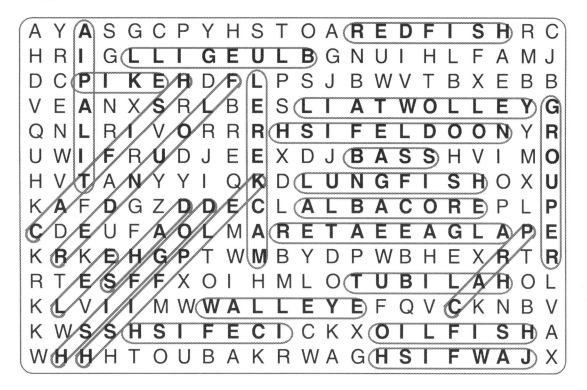

In The House

Knitting

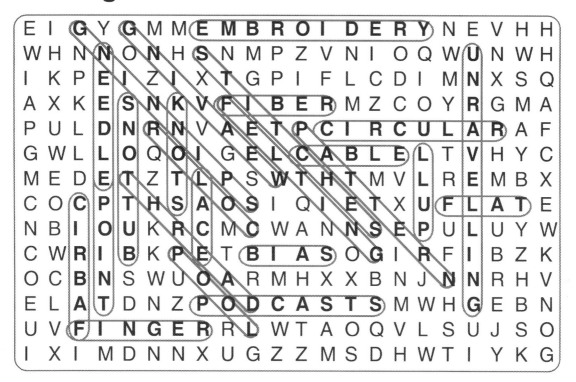

```
E I G Y G M M E M B R O I D E R Y N E V H H
W H N N O N H S N M P Z V N I O Q W U N W H
I K P E I Z I X T G P I F L C D I M N X S Q
A X K E S N K V F I B E R M Z C O Y R G M A
P U L D N R N V A E T P C I R C U L A R A F
G W L L O Q O I G E L C A B L E L T V H Y C
M E D E T Z T L P S W T H T M V L R E M B X
C O C P T H S A O S I Q I E T X U F L A T E
N B I O U K R C M C W A N N S E P U L U Y W
C W R I B K P E T B I A S O G I R F I B Z K
O C B N S W U O A R M H X X B N J N R H V
E L A T D N Z P O D C A S T S M W H G E B N
U V F I N G E R R L W T A O Q V L S U J S O
I X I M D N N X U G Z Z M S D H W T I Y K G
```

Think Drinks

Ends With O

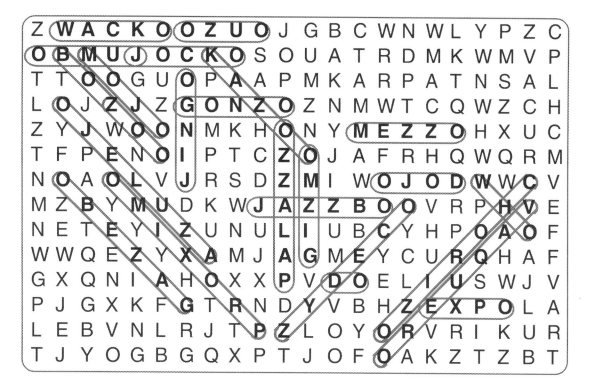

Ice Cream

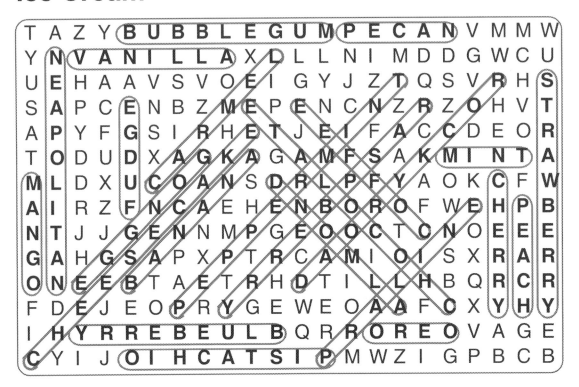

Card Games

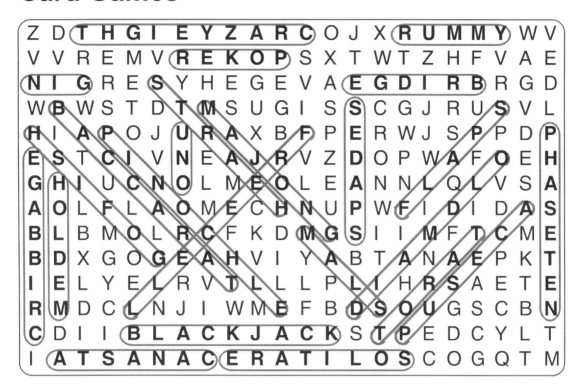

Z D T H G I E Y Z A R C O J X R U M M Y W V
V V R E M V R E K O P S X T W T Z H F V A E
N I G R E S Y H E G E V A E G D I R B R G D
W B W S T D T M S U G I S S C G J R U S V L
H I A P O J U R A X B F P E R W J S P P D P
E S T C I V N E A J R V Z D O P W A F O E H
G H I U C N O L M E O L E A N N L Q L V S A
A O L F L A O M E C H N U P W F I D I D A S
B L B M O L R C F K D M G S I I M F T C M E
B D X G O G E A H V I Y A B T A N A E P K T
I E L Y E L R V T L L L P L I H R S A E T E
R M D C L N J I W M B F B D S O U G S C B N
C D I I B L A C K J A C K S T P E D C Y L T
I A T S A N A C E R A T I L O S C O G Q T M

Banks

```
V C B S H W E L L S F A R G O E R Z G Q T L
A M O B A N C O S S A P M O C G S T H F T A
E P F C R A A S U H K E Y E S V N A B G M N
Y K A B C C Z U U D E A O B O O N I H I I O
K L A K A H Z N R R N S H C O M E R I C A I
Y B L L R D T E I O S J E J T J E O T V T
C H A A K I A R G H L O R O R K N L Q J A A
L S T L N S C U I T A C A M E C A P V D S N
G R L G Z C H S O H T I I S J I M F O S G Y
F J T S A O K T N I I A T T V R D C U N O T
U O K G O V Y D S F P T C R I R L Z Y C W I
N T N F O E C B H I A E M X B E O T Z H R C
T I R U B R R A U F C D I M I M G R G Y Q M
M I Q R R W Q C I T I Z E N S C H W A B T N
```

Symptoms Of Colds

M A R B N K M M D E H C A R A E N N W H L I
T F U D Z R S U N I S F P R E Y E S L G Z A
X E C O N G E S T I O N O S E F A V C U D M
N D W X O E D T E L D U J Y Y V L K E O E B
H L U U B B O O T N E Z U B J U E Z C H H D
E O W W M S C H N A R Z C J F B X F I S Y B
A C M K I K L F E S E E E X Z H L O R Y D O
D K D T Q P A I N S W W D E F G V N W D R B
A O Q T O T H R O A T O S N N T O H Y G A S
C Q R M I S L E E P Z M L G E S N L N U T S
H K R G S R D V R B U F T L U T G W Y O I R
E W U B S V E I F F T S S L E O O T M Y O F
S E A T I N G D R D S T I F F N E S S S N E
S T L U J C A W R O N K J D S W M M L J Q F

Mountains

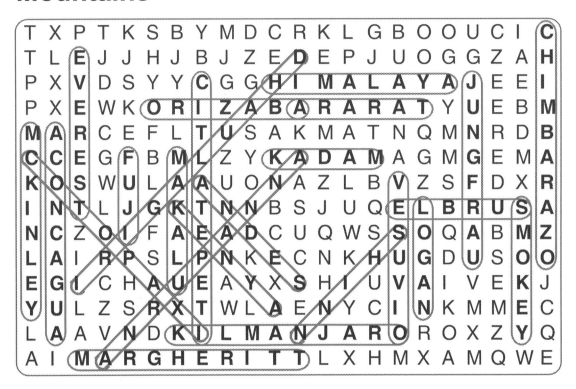

T X P T K S B Y M D C R K L G B O O U C I C
T L E J J H J B J Z E D E P J U O G G Z A H
P X V D S Y Y C G G H I M A L A Y A J E E I
P X E W K O R I Z A B A R A R A T Y U E B M
M A R C E F L T U S A K M A T N Q M N R D B
C C E G F B M L Z Y K A D A M A G M G E M A
K O S W U L A A U O N A Z L B V Z S F D X R
I N T L J G K T N N B S J U Q E L B R U S A
N C Z O I F A E A D C U Q W S S O Q A B M Z
L A I R P S L P N K E C N K H U G D U S O O
E G I C H A U E A Y X S H I U V A I V E K J
Y U L Z S R X T W L A E N Y C I N K M M E C
L A A V N D K I L M A N J A R O R O X Z Y Q
A I M A R G H E R I T T L X H M X A M Q W E

Carnival Rides

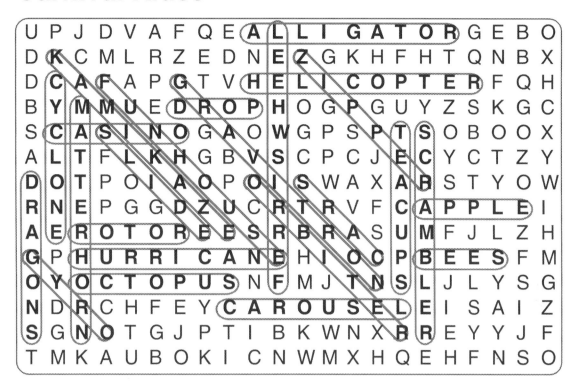

Rhymes With Meat

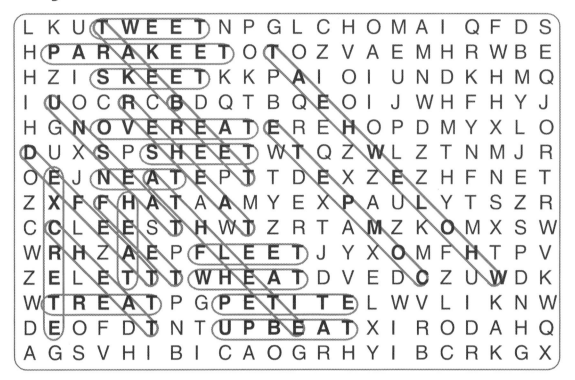

Starts With L

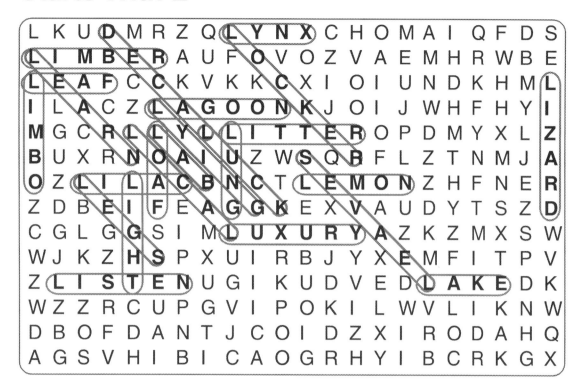

In Texas

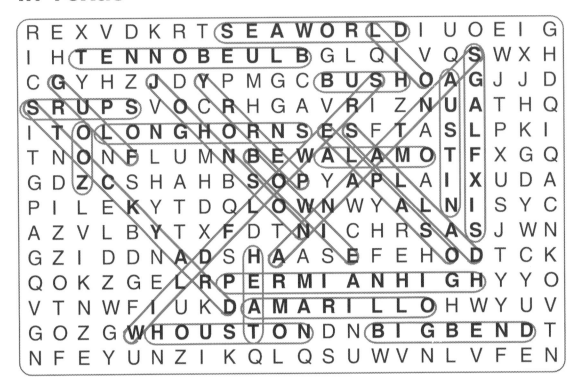

```
R E X V D K R T S E A W O R L D I U O E I G
I H T E N N O B E U L B G L Q I V Q S W X H
C G Y H Z J D Y P M G C B U S H O A G J J D
S R U P S V O C R H G A V R I Z N U A T H Q
I T O L O N G H O R N S E S F T A S L P K I
T N O N F L U M N B E W A L A M O T F G G Q
G D Z C S H A H B S O P Y A P L A I X U D A
P I L E K Y T D Q L O W N W Y A L N I S Y C
A Z V L B Y T X F D T N I C H R S A S J W N
G Z I D D N A D S H A A S E F E H O D T C K
Q O K Z G E L R P E R M I A N H I G H Y Y O
V T N W F I U K D A M A R I L L O H W Y U V
G O Z G W H O U S T O N D N B I G B E N D T
N F E Y U N Z I K Q L Q S U W V N L V F E N
```

60's Actors

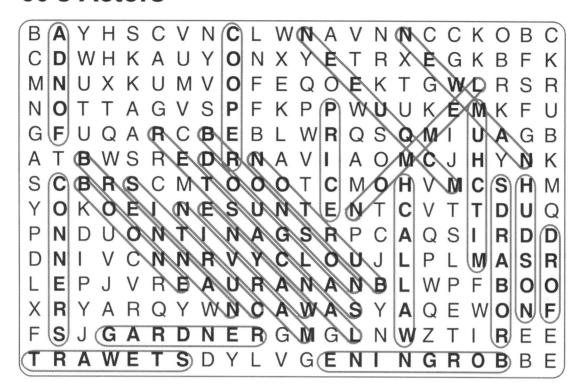

```
B A Y H S C V N C L W N A V N N C C K O B C
C D W H K A U Y O N X Y E T R X E G K B F K
M N U X K U M V O F E Q O E K T G W L R S R
N O T T A G V S P F K P W U U K E M K F U
G F U Q A R C B E B L W R Q S Q M I U A G B
A T B W S R E D R N A V I A O M C J H Y N K
S C B R S C M T O O O T C M O H V M C S H M
Y O K O E I N E S U N T E N T C V T D U Q
P N D U O N T I N A G S R P C A Q S I R D
D N I V C N N R V Y C L O U J L P L M A R
L E P J V R E A U R A N A N B L W P F B O
X R Y A R Q Y W N C A W A S Y A Q E W O F
F S J G A R D N E R G M G L N W Z T I R E E
T R A W E T S D Y L V G E N I N G R O B B E
```

Rymes With Tall

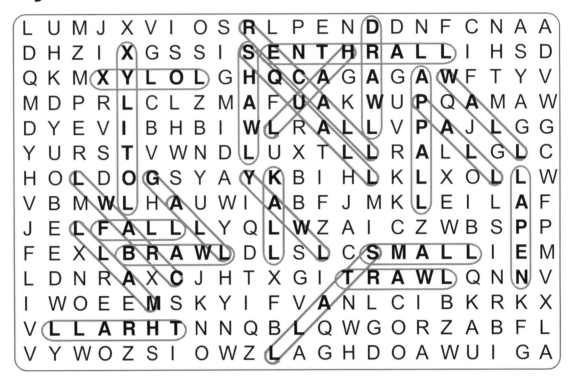

```
L U M J X V I O S R L P E N D D N F C N A A
D H Z I X G S S I S E N T H R A L L I H S D
Q K M X Y L O L G H Q C A G A G A W F T Y V
M D P R L C L Z M A F U A K W U P Q A M A W
D Y E V I B H B I W L R A L L V P A J L G G
Y U R S T V W N D L U X T L L R A L L G L C
H O L D O G S Y A Y K B I H L K L X O L L W
V B M W L H A U W I A B F J M K L E I L A F
J E L F A L L L Y Q L W Z A I C Z W B S P P
F E X L B R A W L D L S L C S M A L L I E M
L D N R A X C J H T X G I T R A W L Q N N V
I W O E E M S K Y I F V A N L C I B K R K X
V L L A R H T N N Q B L Q W G O R Z A B F L
V Y W O Z S I O W Z L A G H D O A W U I G A
```

120

Donuts This Morning?

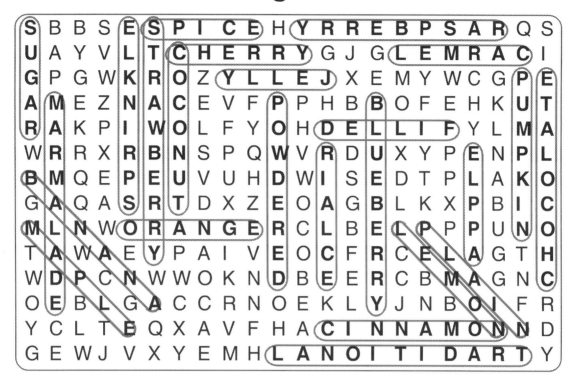

It's Hot Out Here!

Indians Are Coming!

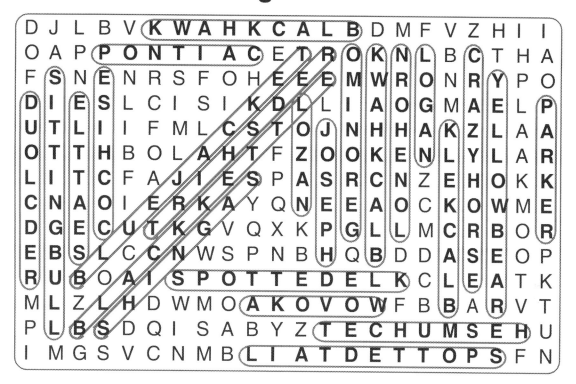

60's Actresses

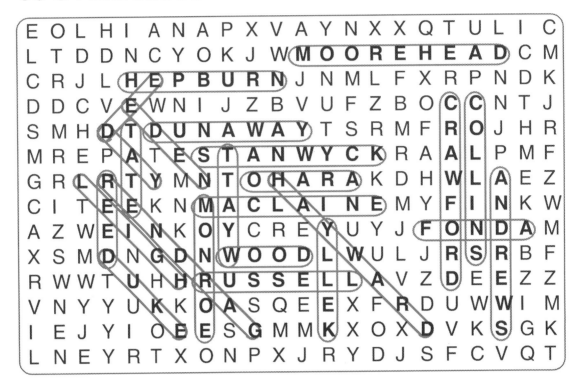

Starts With A

Burr It's Cold!!

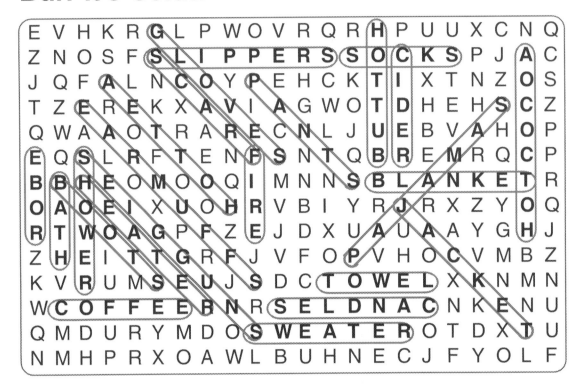

US Capitals

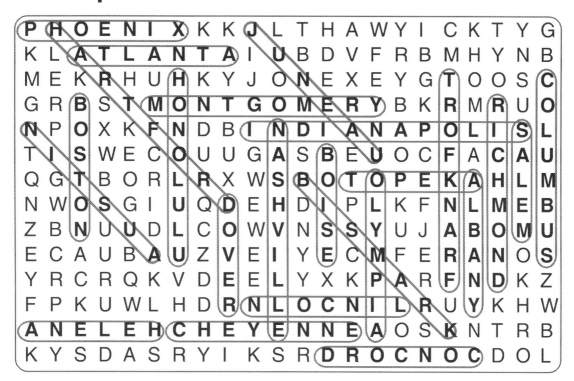

In Your Closet

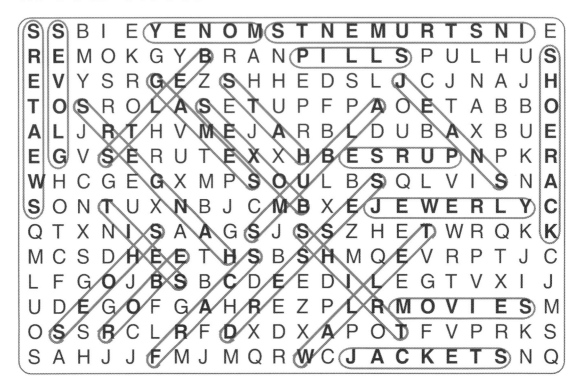

Classic Movies

Here's The Train.....

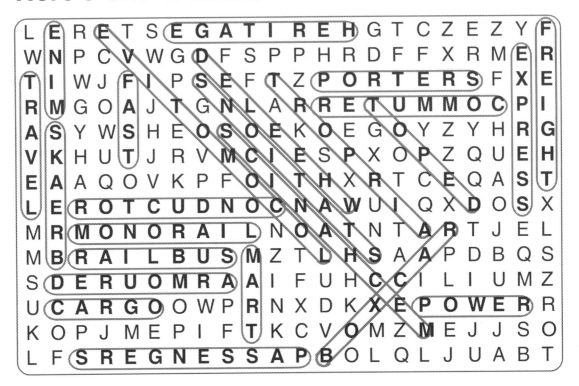

Rhymes With Tree

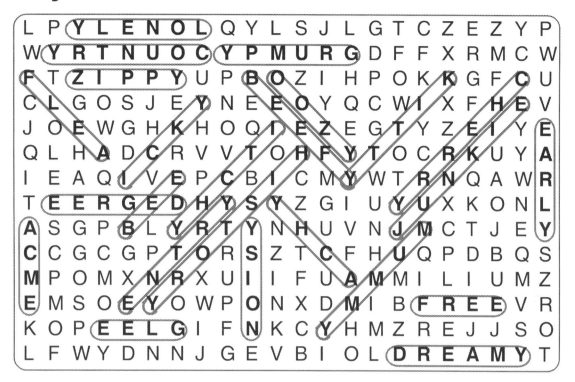

Oh So Big!

Opposites Attract

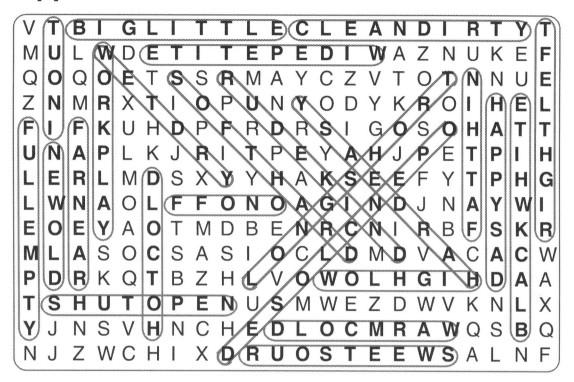

Motorcycles

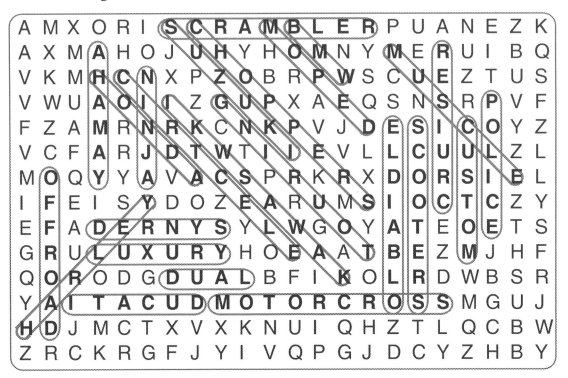

Things On A Car

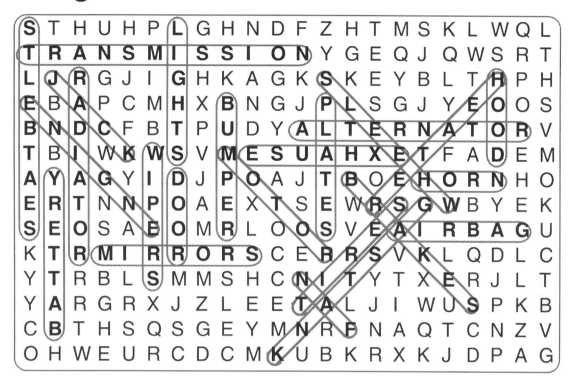

Trees

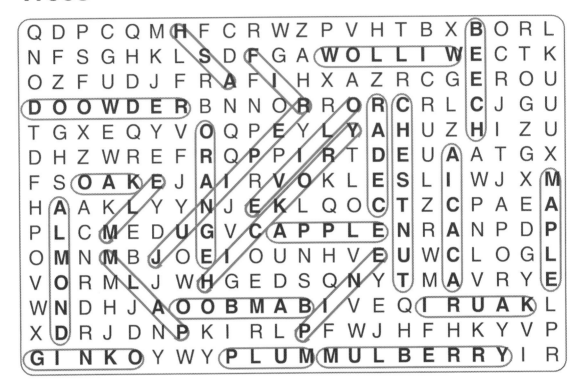

Planting Crops

That's Hard!

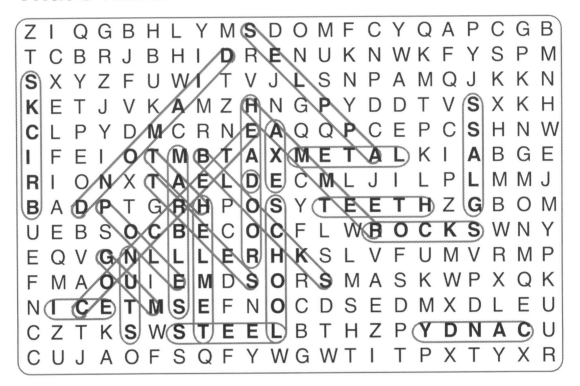

Rhymes With Fate

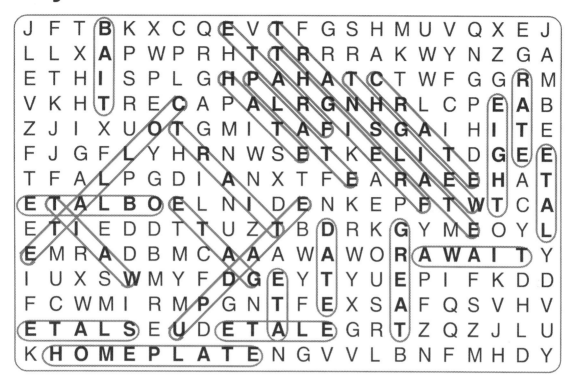

Ducks

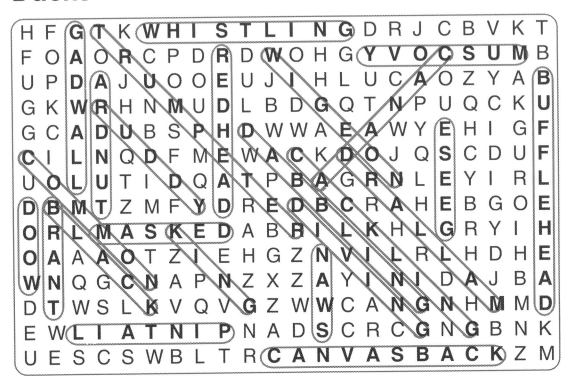

Ouch That Hurts!

That's Scary........

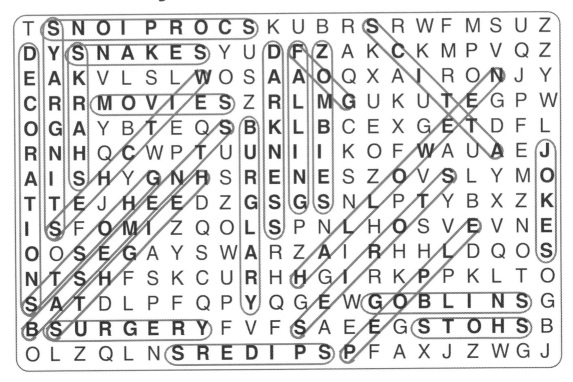

Firecrackers

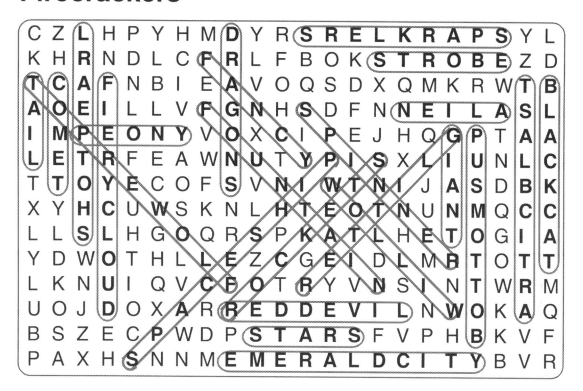

Starts With B

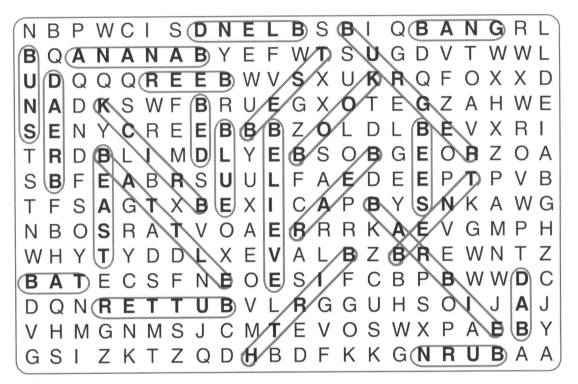

Common Words

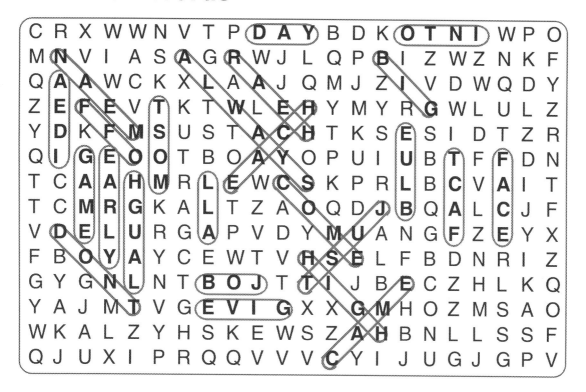

That Itches....

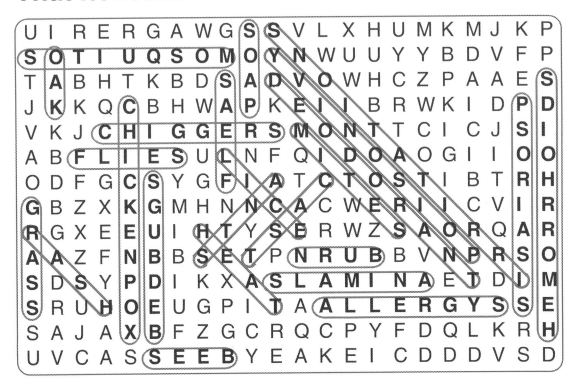

Name The Constellations?

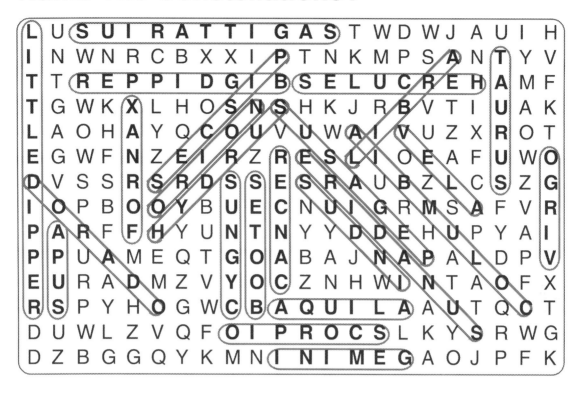

Independence Day

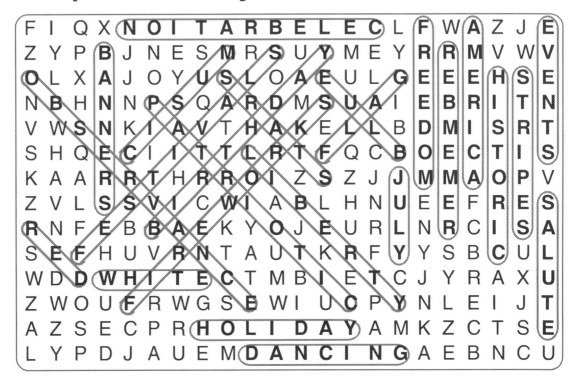

California

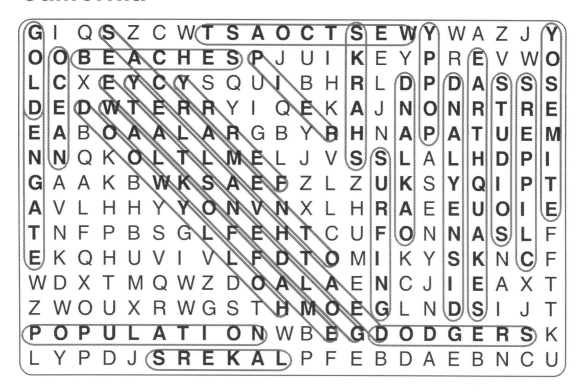

```
G I Q S Z C W T S A O C T S E W Y W A Z J Y
O O B E A C H E S P J U I K E Y P R E V W O
L C X E Y C Y S Q U I B H R L D P D A S S S
D E D W T E R R Y I Q E K A J N O N R T R E
E A B O A A L A R G B Y R H N A P A T U E M
N Q K O L T L M E L J V S L A P L Y H D P I
G A A K B W K S A E F Z L Z U K S Q U I T
A V L H H Y O N V X L H R A E N U D O S I
T N F P B S G L F E H T C U F O N S A L F
E K Q H U V I V L F D T O M I K Y S K N C E
W D X T M Q W Z D O A L A E N C J I E A X T
Z W O U X R W G S T H M O E G L N D S I J T
P O P U L A T I O N W B B G D O D G E R S K
L Y P D J S R E K A L P F E B D A E B N C U
```

Happy New Year!!

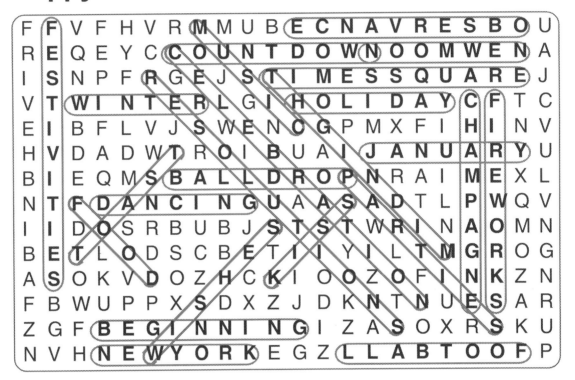

```
F F V F H V R M M U B E C N A V R E S B O U
R E Q E Y C C O U N T D O W N O O M W E N A
I S N P F R G E J S T I M E S S Q U A R E J
V T W I N T E R L G I H O L I D A Y C F T C
E I B F L V J S W E N C G P M X F I H I N V
H V D A D W T R O I B U A I J A N U A R Y U
B I E Q M S B A L L D R O P N R A I M E X L
N T F D A N C I N G U A A S A D T L P W Q Z
I I D O S R B U B J S T S T W R I N A O M N
B E T L O D S C B E T I I Y I L T M G R O G
A S O K V D O Z H C K I O O Z O F I N K Z N
F B W U P P X S D X Z J D K N T N U E S A R
Z G F B E G I N N I N G I Z A S O X R S K U
N V H N E W Y O R K E G Z L L A B T O O F P
```